管理实践在中国

U-shaped Curve

The underlying logic of high-quality development

U形曲线

高质量发展的底层逻辑

王海山 ◎著

图书在版编目（CIP）数据

U 形曲线：高质量发展的底层逻辑 / 王海山著 . —北京：机械工业出版社，2023.2（2023.10 重印）

（管理实践在中国）

ISBN 978-7-111-72537-4

I. ① U… II. ①王… III. ①企业管理 – 全面质量管理 IV. ① F273.2

中国国家版本馆 CIP 数据核字（2023）第 010586 号

机械工业出版社（北京市西城区百万庄大街 22 号　邮政编码：100037）

策划编辑：谢晓绚　　　　　　　责任编辑：张　楠
责任校对：牟丽英　李　婷　责任印制：张　博
保定市中画美凯印刷有限公司印刷
2023 年 10 月第 1 版第 2 次印刷
170mm×230mm・18 印张・3 插页・205 千字
标准书号：ISBN 978-7-111-72537-4
定价：89.00 元

电话服务	网络服务
客服电话：010-88361066	机 工 官 网：www.cmpbook.com
010-88379833	机 工 官 博：weibo.com/cmp1952
010-68326294	金 书 网：www.golden-book.com
封底无防伪标均为盗版	机工教育服务网：www.cmpedu.com

"管理实践在中国"丛书项目

顾问委员会

　　宋志平　黄怒波　汪丁丁　宫玉振

项目总策划

　　张宇伟　岳占仁

编辑委员会

主　任

　　宋志平

副主任

　　张宇伟　时　静

委员（按姓氏拼音排序）

　　刘长征　王海山　谢晓绚　张　弛　张　捷

FOREWORD

总序

中国管理实践智慧：让世界更美好

宋志平

中国上市公司协会会长、中国企业改革与发展研究会会长

1978年12月召开的中国共产党第十一届中央委员会第三次全体会议，实现了新中国历史上具有深远意义的伟大转折，开启了改革开放和社会主义现代化建设的伟大征程。截至2022年底，我国登记在册的市场主体数量达1.69亿户，企业和个体工商户分别历史性地跃上5000万户和1亿户的大台阶。而在1978年底，我国乡及乡级以上工业企业只有34.84万户。在2022年揭晓的《财富》杂志世界500强榜单中，中国企业145家，美国企业124家，日本企业47家。而1995年我国第一次参加世界500强评选时，只有3家企业进入榜单。改革开放至今，中国企业实现了长足的进步。

在这一进程中，一批国内著名大学与国外大学合作，开设管理博士学位项目，培养出一批又一批企业高管博士。这些企业高管带着大量企业鲜活实践经验和管理实践问题，百战归来再读书。在博士课程

学习过程中，他们系统地将实践经验上升到管理理论，通过撰写博士论文，以问题为导向，完成实践到理论的思维蜕变。经过课程学习，这些企业高管博士既有实践根基又有理论基础，成为中国本土管理实践非常有代表性的一个群体。他们撰写的 DPS 博士论文（DBA 博士论文）或构建了极具实践价值的管理模型，或增加了现有管理理论体系的实际应用价值，或融合了中西管理理论体系精髓并创造性地提出了适合中国企业管理的新思路。

北京大学国家发展研究院 DPS 博士项目与机械工业出版社牵头，联合国内著名大学的 DBA 博士项目，从这些企业高管博士论文中挑选出优秀的进行深入遴选和市场化改造，形成管理实践专著。在世界大历史发展背景下，讲好中国管理实践故事，以"管理实践在中国"系列丛书之名出版，从实践到理论，从理论再回到实践。系列丛书准备连续出版十年。我想，这不仅有助于总结和传播中国优秀企业的管理实践思想，还可以建立中国式企业管理体系，并助力中国企业迈向世界一流，为世界管理实践贡献中国管理的"实践智慧"。

我在大学时期学的是管理工科，毕业后长期从事管理工作，先后攻读了 MBA 和管理工程博士课程，系统地学习了现代企业管理理论。在过去 40 多年的企业生涯中，我有 35 年都在从事大企业的管理工作，其中做过 10 年厂长，做过 18 年央企的董事长。长期的管理实践让我认识到，企业管理者既要学习现代管理理论，也要精通管理方法，关键是要结合自己的企业情况，创造出适合自己的管理思维和管理方式。DPS 和 DBA 博士将博士论文二次创作，形成的"管理实践在中国"系列丛书，就是管理实践到管理理论，管理理论再到管理实践的循环提升过程中所产生的管理思维和管理方式的结晶。

我始终认为管理是一门以实践为主的学科。在我把中国建材和国药集团双双带入世界500强的经历中，我认为，首先得益于这个伟大的时代，是时势造英雄，感谢改革开放给我们这些企业管理者带来的机遇。其次，做企业是一分耕耘，一分收获，机遇不会永远垂青侥幸者。中国建材和国药集团先天的企业基础并不好，把它们做起来并不轻松。说到秘诀，我唯一的体会是"干中学，学中干"，并把实践中的体会尽量归纳和整理，带着这些经验再去"干中学，学中干"。

我国企业的管理经营思想，既来源于我国对发达国家先进企业的学习，也来源于我们民族博大精深的历史文化，但最重要的是来源于改革开放后我国企业这些年的深度实践。作为DPS、DBA博士这样的管理实践者，应当像陈云同志所提倡的那样，"不唯上，不唯书，只唯实"。发挥企业家精神，实事求是，不断地在管理实践中"知行合一"，将实践、理论、再实践、再理论推向深入。

这些DPS和DBA博士来自不同地域、不同行业、不同产业、不同企业，通过系统课程学习和论文写作，总结和提炼了多年管理经验，将实践经验与科学研究方法相结合并上升为具有应用理论高度的博士论文。而"管理实践在中国"系列丛书，又将多元性和多样化的管理博士论文二次创作成为管理实践专著出版，必将引发人们对中国高质量发展、产业转型升级、中国企业"走出去"等管理实践案例和议题再次进行深度思考。该丛书的出版，会对管理实践创新、管理理论与实践的结合及应用，产生积极的推动作用，对中国管理实践思想未来走向世界具有正向的现实意义。

当今世界面临着全新的变化和全新的挑战。无论是气候变化问题、能源安全问题、粮食安全问题还是人类健康问题，哪一个问题，都不是一个企业、一个国家所能解决的。因此，我们有理由相信，世界依然是一个你中有我、我中有你的世界；依然是一个需要互相帮助、和平相处的世界。我们期待，未来十年，"管理实践在中国"丛书将以一本又一本有分量的管理实践专著，见证中国管理实践思想的成长。为世界管理实践贡献中国管理的"实践智慧"，让世界更美好！

FOREWORD

推荐序一

张晓波

北京大学光华管理学院经济学讲席教授、北京大学企业大数据研究中心主任、《中国产业集群的演化与发展》作者

改革开放四十多年，中国已经基本实现了工业化，取得了举世瞩目的成绩。但是原来粗放式的增长模式不能适应现在的情况。数字化、低碳化、产业链重构、地区冲突等因素也给全球经济发展带来了全新的挑战。稳增长、调结构、促转型是今后一个时期内的主要任务，以全球化视野，提升产品服务质量，做好企业质量管理体系建设，是实现高质量可持续发展的底层逻辑。企业高质量发展也是推动经济发展，实现经济社会和环境可持续发展的重要基础。在这个大背景下，引进全面质量管理的理念并在中国本土化，变得尤为重要。

基于多年在质量认知和管理领域的工作和创业经历，广泛阅读前沿的文献，总结国内外企业质量管理实践的经验，王海山写出了高质量的博士论文《全面质量管理实践对企业财务绩效的影响研究》，并在博士论文的基础上，出版了这本书。

这本书对比了美国企业和中国企业在不同发展阶段的质量管理实践和财务绩效数据，发现质量管理和财务绩效之间的关系如同 U 形曲线，对于企业高层管理者而言，为了实现高质量可持续发展，在质量管理方面进行必要的投入是非常明智的选择。企业施行的前 3～5 年会面临财务绩效的下降，随着质量竞争力的提升，财务绩效逐渐提升，到了 10 年后，财务绩效增长明显优于对照组，可持续发展能力显著增强，可以说进入了高质量发展阶段。一般来讲，全面质量管理先从规模比较大的企业做起，但作者进一步从"衣食住行"的角度，论证并非仅仅大企业需要做质量管理，中小型企业在当下的大环境中，聚焦产品服务质量，提升管理水平，实现转型也是非常重要的。

除了针对企业层面的分析之外，这本书还讨论了德国、日本、美国、新加坡等发达国家提高全面质量管理的经验。比如，德国的产品质量仅用了不到 30 年，就实现了飞越式的进步，同时发展成为经济强国，这到底是如何做到的？作者的研究发现，除了产业政策外，德国花大力气建立了非常全面的质量监管法律体系，通过政府、行业协会、企业和专业人士组成了非常完整的工业标准化体系和国际贸易体系，双轨制职业教育为德国制造提供了非常坚实的人力资源基础。质量认证制度也是德国产品质量提升的重要基础性制度安排。这些案例研究对于提高全面质量管理也有借鉴意义。

FOREWORD
推荐序二

杨壮

北京大学国家发展研究院 BiMBA 商学院前联席院长、

北京大学国家发展研究院管理学教授、

美国福坦莫大学商学院终身教授

进入 2023 年，国际、国内形势千变万化。黑天鹅、灰犀牛现象层出不穷。俄乌冲突、国际贸易冲突不断、全球市场竞争激烈、通货膨胀等都是企业要面对的挑战。企业不仅仅受到外部环境剧变的挑战，飞速发展的技术创新和数字化在给企业和社会带来价值和效率的同时也给产品和传统的经营模式带来巨大挑战。今天的世界已进入典型的 VUCA 环境：全球局势的动荡性（Volatility）、组织决策的不确定性（Uncertainty）、世界格局的复杂性（Complexity）、思维理念的混沌性（Ambiguity）并存。

面对复杂的 VUCA 环境挑战，中国企业家们将如何应对？我认为企业家唯一可以有效抗衡环境变化的方法只有不断提高自我认知和自我管控的能力，改变思维模式，迅速提升领导力和影响力，坚持长期主义，让企业在变化的环境中不断为客户提供高质量的产品和服务，持续发展，永不止步。

我在北京大学国家发展研究院从事教学管理工作 20 年，同时承担领导力课程教学任务，尤为关注中国企业在巨变时代如何应变、如何创新，耳闻目睹了校友企业的兴衰与变迁，观察到无数优秀企业家的品质和人格。王海山董事长是北京大学国家发展研究院 EMBA 2004 级的同学，2015 年在北京大学国家发展研究院和美国福坦莫大学合办的工商管理博士项目中取得管理学博士学位。2008 年，海山所在的公司与相关机构共同把世界领导力大师詹姆斯·库泽斯和巴里·波斯纳的"领越领导力"课程引入中国，海山本人也在清华大学经管学院讲授领导力课程，为推动中国企业提升领导力做出了贡献。我是王海山同学硕士期间的导师，还在海山所在的 DPS 班担任班主任，对海山的学术水平、性格、格局有较清晰的认知。海山同学身上具备明显的创新和企业家精神，尤为关注产品质量，在学习期间，积极按照老师建议不断提升学习效率和论文质量。海山同学在生活中使用的照相机、轿车、电器产品等几乎都是誉满全球的品牌产品。文如其人。对真善美的追求让海山多年来在职场上尤为专注质量和管理，潜心研究并挖掘影响国际品牌、百年老店优质产品和服务的本质原因。2022 年 3 月，海山同学在上海居家办公时，在博士论文的基础上，完成了这本书。

这本书首先从人类社会历史发展的视角，提出了何为更优产品、更优服务、更优企业，运用大量的案例系统介绍了质量概念的发展和演变，以及可以提高产品和服务质量的管理方法。书中的核心观点是：无论外部经营环境发生多大的变化，企业的最终目的就是创造顾客，企业的使命就是为顾客提供他们偏爱的优质产品和服务。面对 VUCA 环境的挑战，企业家必须不忘初心，聚焦质量，以全球化的视野、标准、目标来审视企业的产品和服务，不断提升、改善产品质量，为顾客创造价值。这一目标在 VUCA 环境下永恒不变。

其次，这本书基于上千家企业的全面质量管理实践（卓越绩效模式），通过数据研究和分析，发现了企业可持续发展的 U 形曲线，即卓越绩效模式与企业财务绩效存在相关性，同时各要素与企业财务绩效之间也存在相关性，这些要素共同影响了企业的财务绩效。研究发现，采用卓越绩效模式初期，企业的营业利润、利润总额以及净利润的增长情况呈现下降的趋势，但是 3~5 年之后各项指标明显改善，10 年之后企业的发展速度和质量，完全超越对照组企业，清晰回答了质量管理和财务绩效之间的逻辑及因果关系。

最后，这本书明确提出了企业高质量可持续发展的底层逻辑——U 形曲线。U 形曲线无论是对个人还是企业都具有非常重要的实践意义。这是这本书最重要的创新点。企业管理者在战略上必须放弃短期行为，坚持长期主义，注重提升产品服务质量，走高质量可持续发展道路。

海山同学有着丰富的人生经历，曾在大型央企从事质量认证与检测工作，多年矢志不渝，在创业和学术方面不断追求探索。书中的很多案例为企业家提供了丰富的经验和借鉴，值得中国企业管理者学习思考。我希望在 21 世纪，中国企业通过学习借鉴国际经验，刻苦钻研，共同努力，把中国制造产品的质量提高到世界最高水准，让中国企业不仅有规模、效益、速度，更让用户对中国产品的质量、品位、特质产生真正的尊重和喜爱。

READ THE INSTRUCTIONS
阅读说明

  本书从人类社会历史发展的视角，提出了何为更优产品、更优服务、更优企业，运用大量的案例系统介绍了质量概念的发展和演变，及提高产品和服务质量的管理方法。作者通过对上千家企业全面质量管理实践（卓越绩效模式）数据进行研究和分析，发现了企业可持续发展的 U 形曲线，即卓越绩效模式与企业财务绩效存在相关性，同时各要素与企业财务绩效之间也存在相关性，这些要素共同影响了企业财务绩效。刚开始采用卓越绩效模式时，企业的营业利润、利润总额以及净利润的增长情况呈现下降的趋势，但 3～5 年之后各项指标出现明显改善，10 年之后，其发展速度和质量完全超越对照组企业。

  基于此，作者发现了企业高质量可持续发展的底层逻辑——U 形曲线。U 形曲线对企业和个人都具有非常重要的实践意义。企业在战略上应该转向长期主义，更加注重产品服务质量提升，走高质量可持续发展道路。作为企业家，更加需要注重长期质量战略，制定长期质量管理计划；作为管理者，则需要掌握更多的质量管理工具和方法，特别是熟悉自己所在行业的标杆企业质量管理最佳实践和案例，找到自己所在企业质量提升的发力点，追求卓越，提升产品质量和服务质量，从而提升企业质量管理水平，进而提升企业财务绩效，实现高质量可持续发展。

本书围绕企业经营与发展过程中的核心诉求——"如何长期可持续发展，实现卓越绩效管理"展开。通过卓越绩效模式揭示全面质量管理的价值，形成实践方法论，并指出质量管理是企业经营的生命线，也是企业家基本的人生态度，要在谋求发展中平衡短期利益与长期利益，实现长期可持续发展。

PREFACE
前言

在日常生活和工作中，我们总会面临很多选择。例如，你如何选购适合自己的衣服、手机、耳机、手表？当你到了一定年龄，还会面临买车、买房等。在消费能力恒定的情况下，我们选择商品最重要的依据是什么呢？衣服要好看，食物要好吃、健康，手机要安全、耐用，汽车要安全、性能好、品牌知名……除了产品本身，我们对于服务的要求也越来越高，比如餐厅的环境、汽车的售后服务等也变得越来越重要。

因此，我们提出了一个问题：什么是"好"？这当然是一个相对的概念，在特定的时间、地域与人群中才成立。不同时代对"好"的标准肯定是不同的，人类最早住在树上或洞穴里，后来有了茅草屋、砖石结构房屋、钢筋混凝土建筑、超高层钢结构建筑……从使用功能上，房子最早用于遮风蔽雨，之后增加了起居等功能，进而出现了音乐厅、博物馆。

把上面这些要素归纳起来,"质量"这个词就好理解了。"质"在古汉语中有"验证""判断"之意,"量"在古汉语中有"比较"之意。"物勒工名,以考其诚",春秋时期就建立了对产品追溯并考核质量、落实责任的管理制度。西方近代的质量管理发展较快,最具代表性的全面质量管理(TQM)在20世纪60年代产生于美国,在日本得到推广与发展,后来在世界范围产生了广泛影响。TQM帮助日本企业迅速提高了竞争力,进而促进了日本经济的快速发展。后来TQM进一步发展为卓越绩效模式(PEM)等新的质量管理方法,质量的概念也从单一的产品质量逐步扩展到服务质量以及经营质量、发展质量等,PEM帮助美国以及欧洲等地的企业获得了持续的成功。工欲善其事,必先利其器。质量提升是一个非常复杂的系统工程,包括技术标准、材料、工艺等方面。我们需要对这些方面进行系统的梳理、研究和再创新。掌握先进技术,运用先进的管理方法,就是生产高质量产品、提供高质量服务的底层逻辑。

自欧洲工业革命开始,技术创新带动了产品质量的迅速提升,其中国际贸易、地缘政治变化、战争等都对产品质量发展产生过深刻影响。如今德国产品质量独步全球,德国制造世界知名,象征着高品质。无论是大型机械、装备,还是日用消费品,德国制造都是高质量的代名词。然而在100多年前,德国制造却是假冒伪劣的代名词,是一个因为过度抄袭英国产品而代表廉价与劣质的符号。

从备受诟病到备受推崇,德国制造仅经过几十年的发展就迅速崛起。从本质上来说,德国制造扭转劣势局面的直接原因是产品质量的提高,而产品质量的提高既与德国政府在法律法规、政策等多方面的合力扶持有关，也与标准、质量认证管理制度等基于企业管理能力提升所采取的措施分不开。

2022年初，新冠疫情在上海、吉林等地快速蔓延，给我们的生活和工作带来很大的影响。人类的很多进步都是在巨大的危机后产生的，地缘政治危机和战争的爆发，也会对国际形势产生不可逆的影响。作为企业家，应该思考做企业的意义，以及企业未来5年、10年的规划与发展。初入社会的年轻人也应该思考自己的职业生涯与人生规划。不平凡的、不确定的年代，也有可能是最伟大的年代。

回首过去近30年的职业生涯，无论是工作还是学习和研究，我都和质量管理有着不解之缘。我一开始在大型央企从事技术、质量管理工作，后来在认证检测机构从事质量标准和研究工作，而作为多项质量奖的评审员贯穿了我整个职业生涯。与质量机构的交流合作，以及过去几十年对上百家世界500强企业评审的经历，都使我受益匪浅。

2015年初，我在北京大学国家发展研究院与美国福坦莫大学合作的管理博士项目中开始了博士课程学习，在此期间系统学习了研究方法，我的三位导师张晓波教授、Sarah Wu教授、宋志平教授也给予了我大量的辅导和启发。其中最重要的启发是让我明白："你研究的到底是什么问题？"正如周其仁教授所言，提出一个好问题，远比解决问题更重要。我也要特别感谢杨壮教授多年来对我的教导和帮助。另外，张宇伟老师、王进杰老师、张弛老师都给了我巨大的帮助，使我能够完成论文，并在论文基础上最终写成这本书。

读万卷书，行万里路。我们处在一个从高速发展向高质量发展转变的阶段，企业普遍处于产品升级、技术创新与组织变革同步进行的阶段。我们必须提升产品的附加值，提高质量溢价率，在付出同样资源和成本的前提下，创造更多的价值和利润。我们同样要给子孙后代留下可供利用的资源和环境，履行低碳发展的责任，实现"碳达峰、碳中和"的目标。

　　我希望通过这本书达到三个目的：第一，对"质量"这个概念进行理论和实践上的梳理；第二，分享"如何做好产品质量，如何做好质量管理"的经验；第三，从知行合一的角度，通过 U 形曲线，弘扬新时代的企业家精神，推动中国企业高质量可持续发展。也借此机会向多年支持、帮助我的家人、朋友表示感谢。还有在本书写作过程中，程雅坤、刘怀文、王庆贺、王爱华、石越给予我的帮助表示衷心感谢。

王海山
2023 年 5 月

CONTENTS
目录

总序
推荐序一
推荐序二
阅读说明
前言

第 1 篇　为什么要进行质量管理

第 1 章　何为质量管理　　　003

  1.1　中西方质量管理发展　　　008
    1.1.1　质量管理溯源　　　009
    1.1.2　中国的质量管理　　　010

		1.1.3 世界范围的质量管理	013
1.2	人类追求高质量的动力是什么		016
	1.2.1	质量发展的终极目标——真善美	016
	1.2.2	为什么会造假	018
1.3	产品质量与国家发展		021
	1.3.1	产品质量与国家兴衰	021
	1.3.2	国家质量政策的影响	022
	1.3.3	鞍钢宪法与质量管理	024

第 2 章　产品质量的底层逻辑　　027

2.1	衣——何为更优质		028
	2.1.1	什么是好的服装	028
	2.1.2	跨界合作的底层逻辑	031
2.2	食——何为更美味		032
	2.2.1	米其林星级餐厅	033
	2.2.2	实用性与稀缺性的平衡——法国红酒的故事	034
2.3	住——何为更舒适		040
	2.3.1	房子的演变	040
	2.3.2	绿色建筑	042
	2.3.3	装配式建筑	051
2.4	行——何为更便捷		054
	2.4.1	汽车质量的发展	054
	2.4.2	航空业服务质量的底层逻辑——将心比心	059

第 2 篇　如何进行质量管理

第 3 章　企业基业长青的底层逻辑——坚守与创新　065

3.1　企业永续经营的困境　066
3.2　世界 500 强的兴衰更替——哪些行业屹立不倒　066
3.3　坚守与创新　069
3.3.1　中国质量奇迹——哥德堡号商船的故事　070
3.3.2　缔造永恒的经典——徕卡相机　072
3.3.3　集中力量与文化传承——茶叶的高质量发展　076
3.3.4　配套的管理体系——百年牛肉面在兰州　079
3.3.5　极致的工匠精神——瑞士手表，与时间同在　082

第 4 章　质量管理方法　086

4.1　国家质量基础设施　087
4.1.1　国家质量基础设施的演变　087
4.1.2　国家质量基础设施实践案例　088
4.2　企业质量管理的理论与实践　090
4.2.1　企业质量管理在整体企业管理中的地位和作用　090
4.2.2　企业质量管理模式的特点　090
4.2.3　企业如何做好质量管理　091
4.2.4　质量管理体系该如何重新构建　094

4.3	德国的质量管理	095
	4.3.1 100年前"德国制造"曾经是假冒伪劣的标志	095
	4.3.2 从假冒伪劣到世界标杆:"德国制造"做对了什么	096
	4.3.3 什么成就了"德国制造"	098
	4.3.4 德国建筑工程质量监管	105
	4.3.5 德国工业4.0	107

第5章 世界各国质量奖 109

5.1	美国波多里奇国家质量改进法与美国经济的腾飞	110
	5.1.1 背景	110
	5.1.2 美国100-107号法案及波多里奇奖的设立	111
	5.1.3 波多里奇奖分类、评定准则及对企业的影响	112
5.2	EFQM卓越奖	116
	5.2.1 简介及八项基本理念	116
	5.2.2 评分标准	117
	5.2.3 获奖企业案例	121
5.3	戴明奖与日本质量振兴之路	122
	5.3.1 日本的长寿企业	122
	5.3.2 日本的质量管理	124
	5.3.3 戴明奖	126

  5.4 工业卓越奖 128

  5.5 新加坡质量奖 130

第3篇 卓越绩效模式

第6章 卓越绩效模式与中国质量奖 135

  6.1 卓越绩效模式在中国的引进及应用 136

  6.2 《卓越绩效评价准则》与ISO 9000族标准 137

  6.3 政府质量奖励 138

    6.3.1 中国质量奖 139

    6.3.2 全国质量奖 141

    6.3.3 全国各行业质量奖评比情况介绍 143

    6.3.4 国内各地方政府质量奖动态 143

第7章 《卓越绩效评价准则》的应用和实践 145

  7.1 卓越绩效模式的基本理念 146

    7.1.1 远见卓识的领导 146

    7.1.2 战略导向 148

    7.1.3 顾客驱动 149

    7.1.4 社会责任 151

    7.1.5 以人为本 153

    7.1.6 合作共赢 154

    7.1.7 重视过程与关注结果 155

    7.1.8 学习、改进与创新 155

7.1.9	系统管理	156
7.2	组织概述	157
7.2.1	组织描述	158
7.2.2	组织面临的挑战	164
7.3	领导	165
7.3.1	高层领导的作用	166
7.3.2	组织治理	168
7.3.3	社会责任	170
7.4	卓越绩效模式之战略	172
7.4.1	战略制定过程	173
7.4.2	战略和战略目标	174
7.5	卓越绩效模式之顾客与市场	175
7.5.1	顾客和市场	175
7.5.2	顾客关系与顾客满意	177
7.6	卓越绩效模式之资源	180
7.6.1	人力资源	180
7.6.2	财务资源管理	185
7.6.3	信息和知识资源	186
7.6.4	技术资源管理	188
7.6.5	基础设施	189
7.6.6	相关方关系	190
7.7	卓越绩效模式之过程管理	191
7.7.1	过程的识别	191
7.7.2	过程的设计	192

		7.7.3	过程的实施	193
	7.8		卓越绩效模式之测量、分析与改进	194
		7.8.1	绩效测量	194
		7.8.2	绩效分析	195
		7.8.3	改进与创新	196
	7.9		卓越绩效模式之结果	197
		7.9.1	产品和服务结果	197
		7.9.2	以顾客为中心的结果	198
		7.9.3	市场结果	198
		7.9.4	财务结果	198
		7.9.5	资源结果	198
		7.9.6	过程有效性结果	199
		7.9.7	领导方面的结果	200

第 4 篇　U 形曲线

第 8 章　神奇的 U 形曲线　　205

8.1　质量管理实践活动与企业财务绩效	206
8.2　U 形曲线相关	209
8.3　长期主义与 U 形曲线	212
8.4　U 形曲线有什么作用	214
8.5　全面质量管理实践的应用	215
8.6　全面质量管理实践与我国经济的发展	216

8.7 重新认识全面质量管理实践与企业绩效的关系　216

第 9 章　工业革命与质量创新——数字化如何影响质量管理　218

9.1 数字化概念　219

9.1.1 数字化起源　219

9.1.2 数字孪生　220

9.1.3 区块链　222

9.1.4 元宇宙　225

9.2 数字化标准　226

9.2.1 工业数据及数据质量标准化　228

9.2.2 数字领导力　230

9.3 企业数字化转型　234

9.3.1 企业数字化转型方向　234

9.3.2 "工业化 + 数字化"推动建筑业转型升级　239

9.3.3 中冶集团——"五位一体"的数据智能化能力体系　246

9.4 数字化与碳中和　247

参考文献　251

后记　以史为鉴，开拓创新，推动企业高质量发展　255

PART 1
第1篇

为什么要进行质量管理

CHAPTER 1 | 第 1 章

何为质量管理

何为质量管理？谈到质量管理，我们通常想到的是产品质量。毋庸置疑，产品质量是质量管理最重要的组成部分，也是质量管理的核心。本书第一章力求从历史发展和企业管理的两个视角，呈现质量管理内涵和外延的变化。从历史发展的视角，我们看到了世界各国历史发展与质量管理的复杂关联。从供求关系来看，在需求大于供给时，质量管理的作用和价值通常被低估；在经济下行，或者供给大于需求的时候，质量管理的作用就会凸显，由此带来第二个视角，就是企业管理的视角，从初创企业到百年老店，生存发展的基本逻辑是什么？我通过大量的研究发现，重视质量管理、提升产品质量是最为重要的底层逻辑。然而，在需求大于供给的阶段，人们往往会忽略质量管理，或者认为质量管理会带来成本的增加，进而影响企业的财务绩效。我们通过研究，发现了企业质量管理实践与财务绩效之间的关系呈现出U形曲线，这就是我写这本书的初衷。

当前，质量的概念不断拓展，已经从单一的产品质量逐步发展为大质量，这不仅指产品质量，还包括工作质量、服务质量、企业经营质量等，是广义的质量。其中，企业经营质量可以通过企业绩效体现，而企业绩效直接受企业的质量管理水平影响，是企业生命力、竞争力和区域经济发展的关键因素。从古至今，质量都和人们的生活息息相关，和社会发展紧密相连。在特定的历史条件和地域范围内，质量可以解决"何为更优"的问题，也就是技术创新、商业发展和社会进步的底层逻辑，即高质量发展的底层逻辑。高质量的供给带来高质量的发展，企业竞争力提升，人民生活水平提高。这也许就是人类福祉所在。

习近平总书记提出：推动中国制造向中国创造转变、中国速度向中国质量转变、中国产品向中国品牌转变。㊀李克强总理指出：质量发展是强国之基、立业之本和转型之要。各地区、各部门要大力实施质量强国战略，坚持改革创新，加强政策引导，把提升质量作为推动供给结构、需求结构升级的重要抓手，为加快发展新经济、培育壮大新动能、改造提升传统动能提供有力支撑；各行各业要向获奖组织和个人学习，弘扬工匠精神，勇攀质量高峰，打造更多消费者满意的知名品牌，让追求卓越、崇尚质量成为全社会、全民族的价值导向和时代精神，为促进经济"双中高"、全面建成小康社会做出更大贡献！㊁

㊀ 刘志强，邱超奕.在高质量发展之路上勇立潮头（这十年，总书记这样勉励企业高质量发展）[N/OL].人民日报，2022-08-15(01).[2022-08-24].http://paper.people.com.cn/rmrb/html/2022-08/15/nw.D110000renmrb_20220815_2-01.htm.

㊁ 中国政府网.李克强：弘扬工匠精神 勇攀质量高峰 让追求卓越崇尚质量成为全社会全民族的价值导向和时代精神[EB/OL].(2016-03-29)[2022-08-24]. http://www.gov.cn/guowuyuan/2016-03-29/content_5059557.htm.

狭义理解质量管理的作用，就是我们通常说的保底线和拉高线这"两条线"。基础的质量管理，比如 ISO 9001 质量管理体系，就是确保企业质量管理的基本要素满足要求，确保能够交付顾客合格的产品。我们把这一类标准称为符合性标准，也就是保底线。还有一类标准，比如卓越绩效评价准则，就是推动企业追求卓越，成为世界一流企业的标准，这类标准对企业管理的各个环节提出了非常高的要求。如果你做战略管理，就要对全球范围内的同行业企业进行对标管理（Benchmarking）。如果企业没有对标同行业企业，在对管理进行评价时，无论企业当下的绩效如何，都不会获得高分。这就产生了一种非常强的驱动力，我们称之为成熟度标准，也就是拉高线。就像两个刚入伍的新兵，基础条件完全一样，一个按照普通标准培养，另一个按照特种兵标准培养，三年之后，差距可想而知。

在第一次、第二次与第三次工业革命的过程中，在机械化、电气化、信息化的影响下，全球化的贸易和供应链体系促使社会分工逐渐细化，一方面，比较优势的充分发挥，带来了几何级数增长的创新产品和贸易形态；另一方面，行业间上下游的技术依赖与契约关系在一定程度上制约了企业的发展。特别是实现行业垄断的头部企业，如部分互联网电商平台，运用商业模式、调整流量入口可以限制其合作伙伴、供应商甚至是客户的行为。另外，企业利用其专利优势，构建了后来者无法逾越的鸿沟，后来者或者中小企业只能向这些企业交专利费，这些制约了产品创新与质量提升。这些形成了垄断地位的"守城企业"，或许会在下一个浪潮来临时被新生的商业模式所击败。在没有竞争的情况下，企业不会主动提升产品质量、服务质量，靠过往的成就赚钱，最后只能面临被历史淘汰的命运。

每个人都在用自己的眼光看世界，也都在用自己的逻辑理解这个世界。互联网的发展让我们改变了资讯获取的方式。工业互联网和智能制造的发展，也会改变企业存在和生长的方式以及各企业间协作的关系。我的导师宋志平教授曾向我提出一个问题：过去中国建材集团年产1000万吨水泥，有5000多名员工，现在转型为智能化工厂，俗称"黑灯工厂"，只有50名员工了。我们原来所有管理学的逻辑都是以人为最基本的单元构建组织进行管理的，然而现在情况变了，人工智能的发展在不断地改变我们的生活，我们的管理对象是否已经变成了机器？

例如，在某购物平台，和顾客互动的客服其实早就不是真人，而是机器。凯文·凯利的《失控》横空出世，提出了机器的进化越来越像有机生命体、越来越智能，对有机生命体的研究则越来越向工程化方向发展。人们在对蜜蜂蜂团的长期观察和研究中发现，单只蜜蜂的智力水平并不高，但是一旦形成蜂团，就像形成了一个具备很高的智慧的大的有机生命体。数以万计的蜜蜂分工有序，有些去采花粉，有些寻找新的蜂巢基地，蜜蜂之间的整体协作非常高效。蜂团组织是典型的去中心化组织，其决策、管理和协作效率是传统的中心化组织无法比拟的。而我们的管理学理论研究和实践创新，远远不及这个程度。这让我们又增加了对大自然的敬畏、对历史的敬畏、对未来的敬畏。

回顾历史，我们要一步一步把基础的概念、知识和体系梳理清楚，人类工业文明进步的历史，就是质量管理理论实践发展的历史。

质量管理是质量工作的核心内容，是对组织发展进行指导、组织和策划的活动。制定组织的质量方针和质量目标，对组织的质量管理进行策划，从而实现质量控制、质量保证和质量改进等，这些活动往往会协调一致进行。

作为一项专门的管理活动，质量管理是管理学重要的组成部分，伴随现代管理学理论诞生并随之共同成长。它是由一套相互加强的理论组成的管理思想或方法，与生产活动息息相关。这些理论、思想或方法正是随着生产活动，由学者在实践中逐渐挖掘、总结产生的。随着发展，质量管理已经从单一的组织内部管理职能逐步上升到关注内外部环境、着眼未来发展决策的战略层面。质量管理直接影响企业效益，是企业保障和提升质量的必然条件。

质量管理的一系列理论及用到的工具和方法，如标准化作业、鱼骨图等，在今天已得到普及并且在实践中被广泛应用。但要知道，正所谓"前人栽树，后人乘凉"，今天我们所用的这些质量管理理论、工具、方法实际上是多位质量管理大师几十年来辛苦"铺路"的结果，是经诸多质量管理大师长时间工作取得的成果，如克劳士比、戴明、朱兰、费根堡姆、德鲁克等，这些质量管理大师的名字与质量管理紧密地联系在一起，提起质量管理，人们就自然而然地想到他们，他们对质量管理理论的建立做出了巨大的贡献，他们的工作丰富和完善了质量管理的理论体系，并为之后的质量管理研究奠定了基础。正是这些质量管理大师所做的工作，为人们提供了质量管理实践中的实际问题解决之道。QC七大工具、统计过程控制（SPC）、六西格玛等质量管理工具和方法在组织中被深入广泛地应用，帮助组织、个人开展质量管理工作，促进了绩效提升。

1930年，道奇和罗明提出了统计抽样检验方法。1950年，戴明提出用统计学的方法进行质量和生产力的持续改进，强调大多数质量问题是生产和经营系统的问题，强调最高管理层对质量管理的责任。此后，戴明不断完善他的理论，最终形成了对质量管理产生重大影响的"戴明十四法"。

20世纪60年代初,朱兰、费根堡姆提出全面质量管理的概念——为了生产具有合理成本和较高质量的产品,以适应市场的要求,只注意个别部门的活动是不够的,需要对覆盖所有职能部门的质量活动统筹策划。

戴明、朱兰、费根堡姆的TQM理论在日本被普遍接受,日本企业推行全面质量控制(TQC)。日本质量管理学家对质量管理理论和方法的发展做出了巨大贡献。这一时期产生了石川馨、田口玄一等世界著名质量管理专家,产生的管理方法和技术包括准时制生产、质量功能展开、田口方法、新七种工具。由于田口玄一的努力,质量工程学开始形成并得到巨大发展。

20世纪80年代,克劳士比提出"零缺陷"的概念。他指出质量是免费的,突破了认为高质量是以高成本为代价的传统观念,他提出高质量将给企业带来高经济回报。

随着质量意识的日益提高,许多人耗费大量时间和精力在自己的企业内实施质量管理,可是,他们中的很多人失望地发现,很难提前判明应用哪种质量工具和技术才能更好地开展质量管理工作。实际上,质量管理工作的开展需要专业人员具备坚实的管理实践经验和技术方面的专业基础知识,通过运用恰当的工具、方法和其他分析技术分析数据,解决出现的问题,以更合理地设计、控制生产过程并予以改进,降低不合格的概率,实现产品和服务的质量保证。

1.1　中西方质量管理发展

在人类的发展过程中,人类区别于其他动物所采取的第一个行动是主动创造生活资料。在主动创造生活资料的过程中,人类萌生了质量意识，对事物的认识从数量的多少上升到质量的优劣，学会判断和选择更好的生活资料，学会使用和制造生产工具，并且发现手中工具的质量优劣直接影响到是否能满载而归。于是，人类的质量意识日益强烈，从此正式开启了漫长的向往高质量、追求高质量和创造高质量之路，也打开了人类文明的发展史。

1.1.1 质量管理溯源

纵观质量发展的历史，如果把质量管理视为管理学的一个流派，其突出的特点是质量管理与技术相关性非常强。用现在的眼光看，质量发展的突出特点是与大数据结合。在技术发展层面，终端的消费者能够全程知晓从源头开始的数据，甚至消费者能参与产品设计与制造，这必然会带来质量理论的再次突破。在质量检验层面，从质量控制到质量保证，质量理论的发展不断创新，实践成果丰硕，也涌现出戴明、朱兰等质量管理大师，为科技进步和社会发展做出了卓越贡献。

ISO 9000 族标准中对于质量的定义是客体的一组固有特性满足要求的程度，也有人将其定义为"满足用户需求的程度"。质量是一个包含着多种要素的复合概念，难以用一个指标加以量化。质量标准是变化的，在不同的时期有着不同的质量标准，其发展受到多重因素的影响。中华民族追求质量的历史源远流长，在中国质量发展的历史长河中，一批又一批的优质产品层出不穷，曾经有无数的优秀产品成为中华民族的骄傲，精美丝绸和陶瓷等高质量产品通过"丝绸之路"销往他国。高质量产品为中国古代经济发展奠定了坚实的基础，5000年中华文明中，质量自始至终是中华民族进步的动力，中华文明因质量的发展而前行，因卓越的品质而精彩。

1.1.2 中国的质量管理

伴随着人类的发展史,质量管理也在发展,其中包括市场选择作用造成的制造者自身的质量管理,同时也包括政府对产品质量的监管。

1. 中国古代质量管理发展历程

关于世界上质量管理起源问题,国外专家认为起源于巴比伦,有文物记录说明了在公元前429年,巴比伦阿尔塔薛西斯一世第35年由姆拉修开设的工场里,为皇室生产的金戒指上所镶嵌的宝石要保证20年内不会掉下来,否则工场要赔偿10个"马拉"作为处罚。○

近年来,我国专家学者通过对中国古代的质量管理研究发现,远在石器时代,我们的祖先就有了朴素的质量管理思想和意识,当时的石器不仅要按照不同的功能、用途制作,而且人们要对石器所用的石料进行筛选,对加工出来的石器进行简单的质量检验。

在出土的商代甲骨上就有关于手工业生产及管理情况的记载。从商代都城的遗址中,还可以看出当时生产管理的规模和建筑工程质量所达到的程度。这些都为后世建立古代质量管理制度奠定了基础。

《礼记》记载了周代对食品交易的规定,这大概是我国历史上最早的关于食品质量的记录:"五谷不时,果实未熟,不粥于市。"意思是五谷与水果不成熟的时候是不允许贩卖的。《周礼·考工记》记载了周代关于各种器具制作标准及工艺规程的具体规定,其中也有关于生产过程中出现残劣次品不得流入市面的规定。《周礼·考工记》要求工匠"审曲面势,以饬五材,以辨民器"。可以看出,周代时对市场上商品的质量是相当重

○ 张海燕. 质量管理源远流长 [J]. 中国质量技术监督,2000(5):38.

视的，这不仅促进了当时商品经济的发展，而且对后世的质量管理产生了很大影响。

秦汉时期以发展官府手工业为主，对民间手工业则大致上采取抑制政策。在政府主导的生产活动中，政府在规范度量衡的基础上颁布各类产品的生产标准。《礼记·月令》中有"物勒工名，以考其诚，工有不当，必行其罪，以究其情"的记载，意思是在生产的产品上刻上工匠或工场的名字。此外，政府设置了负责质量的官员职位"大工尹"，目的是考察产品质量，如质量不好就要处罚或治罪。

资料记载表明，汉代各地生产的产品均分为上、中、下三等价格，这种差异应当也是按照质量的优劣粗细而定，这种情况并不是个例，而是一种非常普遍的实践。

唐代三贾均市进一步典制化，由市令（市场官员）掌管物价，按商品质量优劣，对物价进行调研、评估，确定三等价格作为市场的指导价和官方买卖的物价依据。

北宋时期，为了加强对兵器质量的管理，专门设立了军器监。军器监派官员至各处制作院指示制作的规格、标准，将制作兵器的优劣分为三等，作为各州制作院官员职位升降的依据。为了改进兵器质量，军器监集合了各地的优秀工匠，交流经验，提高技术。军器监还对兵器的发明创造采取奖励的办法。这些措施对提高兵器质量、改造兵器性能起了积极作用，并增加了产量。

南宋时期，为了加强管理，官府让各类商人组成行会，商铺、手工业和其他服务性行业的相关人员必须加入行会，并按行业登记在册，否则就不能从事该行业，商品的质量也由各个行会把关。除行会把关之外，法律也继承《唐律》的规定，对腐败变质商品的销售者予以严惩，但行会的监管职能并不全面，并且小商贩们通常不加入行会，政府和行会的控制力有限。

历代封建王朝，都规定了一些成品验收制度和确定质量不合格后的处罚措施。秦、汉、唐、宋、明、清都以法律形式颁布了对产品质量不合格的处罚措施，如笞、没收、罚款和对官吏撤职、降职等。⊖

2. 近代质量管理发展历程

大约在20世纪20年代，我国出现了质量检验机构和专职检验人员，进入了质量管理的初级阶段，即质量检验阶段。

第二次世界大战期间，美国广泛应用数理统计方法控制生产过程，保证和改善了军工产品的质量，产生了非常显著的效果。这种方法推广到民用产品的生产之中，给各个公司带来了巨额利润。我国也进入了质量管理的第二个阶段——统计质量控制阶段。由于这个阶段过于强调质量控制的统计方法，使人们误认为"质量管理就是统计方法，是统计学家的事情"，在一定程度上限制了质量管理统计方法的普及推广。

20世纪50年代以来，各国生产力迅速发展，科学技术日新月异，科学技术和工业生产的发展促使人们对质量要求越来越高。随着市场竞争，尤其是国际市场竞争的加剧，各国企业都很重视产品责任和质量保证，仅仅靠质量检验和运用统计方法控制已难以保证和提高产品质量。在此背景下，TQM理论逐步形成。我国的TQM理论主要是从日本引进的。1978年，北京内燃机总厂通过与日本小松制作所交流，引进了TQM体系。其他工厂也纷纷开展了试验活动，现代质量管理知识在我国

⊖ 程虹，陈昕洲. 我国古代政府质量管理体制发展历程研究 [J]. 华中师范大学学报（人文社会科学版），2016, 55（2）: 32-48.

得到了广泛的传播。1979 年 8 月，中国质量协会在国家经委和中国科协的指导支持下诞生了，从此，中国走进了 TQM 的重要历史阶段。

1.1.3　世界范围的质量管理

1. 手工艺人时代

在中世纪的欧洲，技艺娴熟的手工艺人通常扮演着制造者和检验员的双重角色。与顾客直接打交道的"制造者"对于他们的手艺有着高度的自豪感。由师傅、技工和学徒所构成的行会出现，确保手工艺人得到了充分的训练。这种质量保证是非正式的，需要制造者确保产品的质量。这些做法随着工业革命的到来慢慢消失了，但它们构成了现代质量保证活动的基础。

18 世纪中叶，法国机械工奥诺雷·布朗发明了应用互换性零部件制造标准步枪的方法。应用互换性零部件需要精准控制质量。尽管工匠可以组装定制的产品，但关于互换性零部件的随意组合却无法提供保证，零部件必须按照精心设计的标准制造。尽管如此，互换性零部件这一概念的价值依然得到了人们的认可，并最终导致工业革命，这是质量保证成为生产过程中的一个关键因素。

2. 20 世纪早期

20 世纪早期，被誉为科学管理之父的弗雷德里克·温斯洛·泰勒催生了一套新的生产理念，即将计划职能与执行职能分开，通过将工作细分的手段提高效率，把质量保证的任务交给检验人员。然而，缺陷不可避免，只有通过检验才能发现。20 世纪前半叶，检验成为质量控制的主要手段。

最终，生产组织建立了独立的质量部门，生产与质量保证的人为分离导致工人对质量漠不关心，高层管理者将太多的质量责任交给别人，对质量情况不甚了解,当发生质量危机时,管理者总是手足无措。

贝尔系统是现代工业质量保证史上的先驱者,它于 20 世纪早期在西方电气公司应用。尽管贝尔系统通过大规模检验在质量方面取得显著成效,但质量的重要性促使贝尔去研究和开发新的质量保证途径。20 世纪 20 年代,西方电气公司检验部门的一些人员被派到贝尔实验室开发新的检验理论和方法用于维持和改进质量。他们不仅提出了"质量保证"这个术语,还开发出了许多有用的测量、控制和改进质量的方法。由此,质量成为技术性的专门领域。

第二次世界大战期间,美国军队开始采用统计抽样程序并为供应商订立严格的标准。这些举措培养出了质量方面的专家,统计质量控制开始广为人知并逐渐被制造业采用。

3. 第二次世界大战后

从 20 世纪 40 年代末期到 50 年代初期,美国民用产品的匮乏使生产成为头等大事。在大多数公司,质量只是专家负责的领域,并非最高管理者的优先事项,它们把这一职责赋予质量经理。最高管理者对于质量改进、减少缺陷和失误不感兴趣,他们依靠的是大规模检验。

这一时期,两位美国的咨询专家,朱兰和戴明,把统计质量控制技术引入日本帮助其战后重建。他们把教育的重点放到了最高管理者身上,在最高管理者的支持下,日本企业将质量渗透到整个组织,并建立起持续改进的文化。1951 年,为表彰那些符合严格质量管理准则的个人和公司,日本设立了戴明奖。

日本的质量改进过程进展缓慢但坚实,经过 20 年左右的发展,日本产品的质量超过了西方的制造商。20 世纪 70 年代,日本企业生产的产品大举占领西方市场。美国企业界从芯片业、汽车业到钢铁业、家用电器业甚至银行业都受到了冲击。

4. 美国质量革命

20世纪80年代是充满变化的十年，也是美国的消费者、产业界和政府的质量意识逐渐提升的十年。全球竞争的加剧、高质量的外国产品进入市场和信息获取方式的增加，促使消费者在购买商品时，更多地考虑产品及服务的质量和价格的合理性。在此情况下，质量越来越被企业所重视，被视为企业生存的关键。

在这场革命中，戴明是极具影响力的人物之一。戴明曾帮助日本企业进行变革，20世纪80年代，由于日本产品的卓越市场表现，美国企业发现了戴明基于质量管理方面的重要作用并请求戴明的帮助。卓越的质量日益被视为企业全球竞争的关键，从而受到高度重视。美国的大部分企业因此开展了广泛的质量改进活动。

随着企业和行业开始重视质量，政府同样认识到了质量对于国家经济的重要作用。1984年，美国政府将10月设立为"国家质量月"。1985年，美国航空航天局设立质量和生产优秀奖。1987年，美国国会通过法令设立了马尔科姆·波多里奇国家质量奖，这表明了国家在质量方面所发挥的领导作用。

从20世纪80年代末期到90年代中期，美国和日本的产品质量差距逐渐缩小，很多美国企业又重新赢回了它们曾经失去的大部分市场。

5. 从产品质量到TQM

20世纪70年代，通用电气公司的研究小组研究了消费者对通用电气产品线的质量感知，并得出结论：质量绝不应仅被视为一个技术领域，应视为一个管理领域。质量问题涉及企业的方方面面，如设计、营销、生产、人力资源管理、供应商关系管理等。随着企业认识不断深入，出现了 TQM 的概念。1992 年，9 家大企业的主席和 CEO，著名大学的商学院和工学院院长及知名咨询专家联袂推出了全面质量的定义。宝洁公司则给出了更为简洁的定义：全面质量就是组织中的每个成员为了理解、满足并超越顾客的期望而进行的坚决而持续的改进活动。

6. 卓越绩效和六西格玛的出现

TQM 改变了组织对顾客、人力资源、生产和服务过程的看法。许多企业的高层管理者认识到，企业所有重要的经营活动都需要与质量原则保持一致，作为一个系统共同发挥作用，并随经营条件和发展方向持续改进。根据此观点，基于产品的质量概念演化出了"卓越绩效"的理念，这是一种整合组织绩效的管理方法。

20 世纪 90 年代后期，出于保持竞争力和吸取 TQM 的失败教训的考虑，新的质量改进方法——六西格玛出现了。这是一种以关注顾客和结果导向为特征的业务改进方法。它将许多长期以来证明有效的质量工具和方法整合在一起，注重企业收益和战略目标，因而获得了高层管理者的认同和支持。[1]

1.2 人类追求高质量的动力是什么

1.2.1 质量发展的终极目标——真善美

在博士学习阶段，我有一个很深的感悟：无论我们研究什么问题，

---

[1] 埃文斯，林赛. 质量管理与卓越绩效 [M]. 岳盼想，等译. 北京：中国人民大学出版社，2016.

都要研究当地的历史。2016年我到日本考察，学习了茶道和插花，考察了始建于1804年的幸兵卫窑。幸兵卫窑的八代传承过程中，工匠不会因为销量好就扩大生产，坚守的就是维持高质量。我到德国去考察的时候，在斯图加特有一家做混凝土设备的企业，也是六代传承的小工厂，这是一种工匠精神的传承。我去奥地利的维也纳参观历史艺术博物馆，徜徉其中，仿佛穿越了时空。通过历代工匠和大师的作品，我感受到那个年代的繁华与落寞，也深刻感知到他们对质量的一种极致的追求。

为什么他们对质量这样执着地追求？这是我们做质量研究时最困惑的一个问题。

不同时代有不同形态但高质量的代表性产品，也是非常精美、非常有代表性的艺术品。这些艺术品也代表了某种高尚的生活方式。从历史传承的角度，人们对极致产品质量的理解已经上升到三个层面：第一个层面是科学层面，就是人类对技术、材料、制作设备和工艺的掌握，例如大型飞机就是人类工业科学技术以及制造技术的巅峰之作；第二个层面是精神层面，制作的产品可以解决人类基本生存需求与精神需求，例如美味的食品可以让人们在吃饱的同时获得满足；第三个层面是美学层面，好的产品除了功能实用之外，会给人一种感官的享受。我们用的手机除了基本功能以外，看起来还要有设计的美感。几乎所有的商品工业设计都是非常重要的。乔布斯的极简美学工业设计，成就了苹果产品线的极致质量和独特风格。我将产品质量归纳为真（科学）、善（精神）、美（美学）三个层面。如果从历史角度看质量发展，一定是不断往前的，发展的方向就是"真善美"。

质量有外部性和内部性，也可以理解为需求侧与供给侧。外部性是消费者的感知，客户对产品质量的需求，包括功能、美学、品牌等。不同时代的人对质量好有不同的认知，以前流行光脚跑步，人们认为光脚跑最好，直到后来很多人光脚跑步后身体受到了损伤，人们开始认识到光脚跑是不好的。人的认知就是这样，随着时间的推移，认知也在不断变化。我们用发展的眼光来看，质量的发展与人对外部事物的感知以及审美的变化是有关的。质量外部性的另外一种表现就是品牌。商品除了满足人的基本需求之外，还要满足精神层面的需求，比如衣服除了保暖之外，还能彰显品位；汽车除了性能好以外，还要符合用户的身份，实现社会价值认同等。另外，企业的ESG（环境、社会责任和公司治理），也是质量外部性的具体体现。

从内部性来说，"真善美"就是我们传统意义上的产品质量，即产品定位、设计、技术与成本的平衡。很多工业企业都划分了产品线，比如奔驰汽车的产品线，轿车分类从A、B、C、E到S级，高端车代表了奔驰的技术实力，入门级车则体现了极强的质量经济性，对于公司整体利润贡献而言，则非常可能是中级车贡献最多。内部性的另外一个体现就在于企业采用何种产品和服务战略、组织机构和职能，对供应链进行整体设计和控制。

1.2.2　为什么会造假

为什么有人会选择造假？显而易见的是商家或个人为了追求唾手可得的短期利益。但归根结底，问题在于造假成本低，且监管不够严格。从古至今，造假现象屡禁不止。造假的另一端，就是不断追求产品质量，提高质量。

我曾经有幸与许多卓越的工匠和杰出的企业家交流，我问他们，为什么要把产品做得那样好？是什么让他们坚持做正品，追求质量？我得到了两个答案：一是因为"人之初，性本善"，如若在制造过程中弄虚作假，虽然可以获取短期的利益，但是他们会受到良心的谴责，余生不得安宁；二是因为严格的监管，一旦被发现造假，造假者必定会付出惨痛的代价，而这种代价是无法弥补的。

  美国《商标保护法》明确规定，故意制造和销售假货的重犯将面临最高 10 年刑期、个人 500 万美元罚款。另外，美国联邦法律还规定，制假售假的初犯将面临 10 年以上的监禁，重犯将面临 20 年以上监禁与 500 万美元的罚款，因假货造成死亡后果的个人将会被终身监禁。而对于公司，处罚就更加严厉，罚金高达 1500 万美元。同时美国还强制施行无条件退货退款制度。1992 年 2 月，79 岁高龄的斯黛拉·莉柏克搭乘外孙驾驶的轿车，在一家麦当劳买了一杯售价 49 美分的咖啡。离开餐馆后，她想往咖啡中加一点白糖和奶粉，于是她把杯子放在双膝之间，一只手拿着白糖和奶粉，另一只手去打开杯子的盖子，就在这时出现了闪失，这杯热咖啡全洒在了她身上，致使她多处烫伤。事后，莉柏克的女儿给麦当劳写了一封信，要求其赔偿医疗费、照顾病人的误工费等，共计 2 万美元。可是，麦当劳仅同意支付 800 美元的"安慰费"。莉柏克把麦当劳告到法院，在律师的帮助下，法院判处麦当劳向莉柏克支付赔偿金 64 万美元。⊖

  德国最大的汽车制造商大众曾由于"尾气造假"事件被推上风口浪尖。2015 年 9 月 18 日，美国环境保护署指控大众的多款柴油型汽车利用特殊软件在美国官方的尾气排放测试中做了手脚，而部分车辆的实际污染物排放量最高可至法定标准的 40 倍，违反了美国《清洁空气法》。同年 9 月 22 日，大众发表声明承认指控，并表示涉嫌违规排放的柴油汽

⊖ 白大丰. 美国的消费者权益保护 [J]. 中南财经大学学报, 1993(6):103-105.

车数量可能达到 1100 万辆，9 月 23 日，大众首席执行官马丁·温特科恩宣布辞职。大众因此股价下跌三分之一，同行业企业股票也大幅下跌。业内专家分析，大众或将为"尾气造假"事件支付 400 亿欧元左右的赔偿，该事件给大众的自身发展和"德国制造"的品牌声誉造成了严重的打击。

美国安然成立于 1930 年，曾经是世界上最大的能源、商品和服务公司之一，2000 年营业额达到 1010 亿美元，拥有员工 21 000 人，并被《财富》杂志评为世界 500 强中的第 7 名。然而，2001 年 12 月 2 日，安然突然申请破产保护，清单中所列资产高达 498 亿美元，成为美国历史上最大的一宗破产案。安然破产后，多位原公司高管相继受到刑事调查和起诉，涉嫌犯有内部交易犯罪，同时被揭露出财务造假和腐败等多种违规行为。44 岁的安然首席财务官安德鲁·法斯托被判刑 6 年，其妻子也因参与其中被判 1 年监禁。安然造假事件给美国经济带来了毁灭性的后果，安然的核心价值观就是盈利，追求的目标是"高获利、高股价、高成长"，急功近利是安然造假的主要原因。

日本工业巨头三菱电机，其空调、显示器等铁路车辆电气产品占日本国内 60% 的市场份额，2021 年被爆出铁路车辆空调检验造假。深入调查后发现，三菱电机一直捏造出厂质检数据，并为客户提供虚假报告，欺骗客户，造假史长达 35 年，社长引咎辞职。三菱电机的造假事件对三菱品牌信誉产生很大的负面影响，也对三菱电机的整体业务造成了非常严重的打击。其实早在 2017 年 11 月，三菱集团旗下另外三家子公司——三菱电线工业、三菱伸铜和三菱铝业就爆出过数据造假问题，受影响企业达 258 家，三菱材料董事总经理竹内章及其他高管鞠躬道歉。2016 年 4 月，三菱汽车被曝在过去 10 年中销售的全部车型均存在篡改油耗数据等违规行为。三菱集团曾是日本"工匠制造"的典范，如今却频频出现造假问题，不禁令人唏嘘。

英国壳牌石油公司是一家始建于1907年的大规模国际公司，业务遍及130个国家，是全球领先的国际油气集团。2004年，公司内部的一份报告曝光：多年以来，公司故意夸大石油和天然气的储备来欺骗股东，进而给公司的股东们造成了巨大损失。该事件发生后，公司的股价直线下跌。有调查显示，该公司总裁菲利普·沃茨以及研究生产部门经理早在2001年就知道该公司的石油储备已经不能满足市场的需求，但仍然选择了隐瞒，二人在事件曝光后相继离职。

中国的三鹿奶粉事件曾轰动全国，三鹿集团成立几十年，是中国奶粉行业的佼佼者，然而却在2008年被爆出奶粉中含有三聚氰胺，造成6名婴幼儿不幸去世，30多万名婴幼儿的泌尿系统出现问题。时任三鹿集团董事长田文华被判处无期徒刑。在事件发生前的4个月，三鹿集团还拿下了"国家科学技术进步奖"，打破了20年来从未出现过乳品企业获国家科技大奖的局面。然而多年的努力奋斗和科技创新，却因此毁于一旦。三鹿奶粉事件在当时给中国的乳制品行业带来巨大的不良影响，直到现在，很多中国家庭仍难以对乳制品行业建立信任。

1.3　产品质量与国家发展

1.3.1　产品质量与国家兴衰

我和团队在做质量研究时发现：世界各国的兴衰都与产品质量呈正相关，每个时代都有具有代表性的产品。正如中国古代的丝绸和瓷器，高质量的产品不仅具有实用的功能，更代表了当时普及或盛行的生活方式。质量已经成为一个企业、行业、地区乃至国家竞争与发展的制高点。

各国在质量的提升和发展上，都走过了漫长的道路。例如，法国的顶级葡萄酒在葡萄交易、葡萄种植、酿造等方面都有严苛的法律和制度保障，以打造顶级的产品质量和品牌。

我国大多数企业还处于质量提升和品牌打造的初级阶段。品牌可以带来高溢价，满足消费升级需求，加快供给侧结构性改革，这也就是我们为什么需要实施质量强国战略的原因。

我们可以从社会学、经济学、地缘政治以及历史变迁的角度来看质量发展。质量发展在各个国家变迁或者大发展的历史时期都起到了非常关键的作用。从质量维度来看，历史总是有惊人的巧合，每一次国力的振兴和民族的强盛都和这个国家生产产品的质量密切相关。

1.3.2　国家质量政策的影响

中国改革开放 40 多年，质量发展这一议题已提升到更高的维度。2016 年，张维迎教授和林毅夫教授做了一场"世纪大辩论"。林毅夫教授的观点是首先承认市场经济，但是要靠企业家精神，再加上有为政府，政府要起作用。产业政策未必就是补贴，通过提升质量管理可有效促进产业的迭代更新。张维迎教授认为政府应尽可能不干预市场，如果在房价、汽车行业、市场换技术等方面的管理都有所欠缺，就应该让市场来自由调节。从这个角度，可以发现国家对市场的作用和对产品质量的影响，以及国家产业政策与定位从宏观视角的影响对微观企业在价值链的作用。国内重要的科技业者宏碁集团创办人施振荣先生，在 1992 年提出了知名的"微笑曲线"（Smiling Curve）理论。微笑曲线强调附加价值，曲线中间是加工、制造，左边是研发，右边是营销。传统制造业需要向高技术含量的科技、创新等方向发展，产业的转型离不开质量的升级。

2017年9月，中共中央、国务院正式印发《中共中央 国务院关于开展质量提升行动的指导意见》，这是中共中央、国务院首次出台质量工作纲领性文件，在我国质量发展史上尚属首次，对我国的质量发展意义深远。对比分析美国、日本关于质量的政策和做法可以发现，20世纪80年代日本的汽车和电器进入美国，由于质量好、价格低，美国的本土产业受到重创，后来在美国商务部部长波多里奇的推动下，国会批准了相关法案。可以看出，美国是通过立法的形式来提升企业的质量管理力度以应对日本汽车和电器给美国行业和企业带来的冲击的，因为这种冲击会使美国很多产业遭受毁灭性的打击，这也是卓越绩效形成的历史背景。

20世纪80年代是通过提升企业综合的质量竞争力取代传统的产品检验质量理念的时期。原来的三大质量管理，包括戴明环等很多质量管理理念，实际上是由"检验质量"到"以客户为中心的质量"再到"大质量"的。我国现在提"大质量"，但并没有一个权威的定义，所以现在急需对"大质量"做出定义。比如2008年三鹿奶粉事件被曝出之后，时任国家质检总局局长辞职了，但是乳制品的管理还涉及其他部门。各个部门、各个系统都面临质量管理问题，质量到底谁来抓？另一个问题在于质量的可获得性，也就是质量是给谁的。中国共产党第十八次全国代表大会以后，强调整个改革的重点是要让老百姓有获得感，我国做了数亿份产品的检验报告，但这些数据全部在数据库里面，不易查询。就拿牛奶来说，我们无法得知全国牛奶检验的数据情况，进口的牛奶就一定好吗？从新西兰海运过来的牛奶，至少要2个月才能摆在国内超市的货架上，品质是否已经发生了变化呢？再比如建筑材料的质量数据，装修完十年的房子测室内空气质量，TVOC（总挥发性有机化合物）还在超标，有些板材中的甲醛其实还在继续挥发，而这是不是导致很多疾病发生的原因呢？这就是质量的问题。我认为，我国提高质量的手段有以下两种。

（1）立法。

我国有《中华人民共和国产品质量法》《建设工程质量管理条例》《中华人民共和国认证认可条例》等，这些是国家层面的立法。立法工作可能还要进一步加强，以此明确质量的地位。质量发展是强国之基、立业之本和转型之要。

（2）国家出台政策、文件。

中国制造向中国创造转变、中国速度向中国质量转变、中国产品向中国品牌转变。中国共产党的十九大报告中明确提出"我国经济已由高速增长阶段转向高质量发展阶段"。在《中共中央 国务院关于开展质量提升行动的指导意见》中把产品、工程和服务质量明显提升作为主要目标之一。[一]

提升质量具体的手段是五方共治：第一个是企业，第二个是政府，第三个是第三方机构，第四个是新闻媒体，第五个是消费者。只有把五方共治做起来，崇尚质量才会蔚然成风。

1.3.3 鞍钢宪法与质量管理

1960 年 3 月 22 日，中共中央批转鞍山市委《关于工业战线上的技术革新和技术革命运动开展情况的报告》。毛泽东代中央起草批示，将鞍

[一] 新华社. 中共中央 国务院关于开展质量提升行动的指导意见 [EB/OL].（2017-09-12）[2022-08-24]. http://www.gov.cn/zhengce/2017-09/12/content_5224580.htm.

钢实行的"两参一改三结合"的管理制度称作"鞍钢宪法",要求在工业战线加以推广。⊖

"鞍钢宪法"的核心内容是:干部参加劳动,工人参加管理;改革不合理的规章制度;管理者和工人在生产实践和技术革命中相结合。

"鞍钢宪法"从管理学角度,开创了全方位进行、全员参与的管理模式,在初步建立工业体系的创业阶段,在质量、安全、可靠性管理上,取得了辉煌成就,同时对世界其他国家也产生了重大影响。

美国管理大师戴明将一系列统计学方法引入美国产业界,以检测和改进多种生产模式,但是这种方法只局限在企业少数质检人员手中,并未取得突出成效。

20世纪70年代,日本的丰田管理方式出现,在全盘吸收了美国的以数理分析为主要工具的质量管理基础上,引入"鞍钢宪法"的灵魂,从利益最大化着眼,调整管理活动中的人际关系,充分发挥劳动者个人主观能动性、创造性,开创了震撼世界的TQM模式,成就了几十年的"日本制造"奇迹,时至今日锋芒犹在。日本质量管理大师石川馨指出,TQM是学习和借鉴"鞍钢宪法"的产物。日本经团联会长、新日铁社社长稻山嘉宽表示:办日铁社,就是采取"两参一改三结合"的办法,是向"鞍钢宪法"学习的。⊜

"鞍钢宪法"必然影响到欧美现代管理学。美国耶鲁大学教授莫里斯·迈斯纳认为:当今天的很多管理者对"丰田管理方式""装配岛方

⊖ 中共中央党史和文献研究院.中国共产党一百年大事记(1921年7月—2021年6月)之二 [EB/OL].(2021-06-29)[2022-08-24].http://jl.people.com.cn/n2/BIG5/2021/0629/c349771-34799493.html.

⊜ 杨继国,魏鑫珂."鞍钢宪法"对西方企业"管理革命"的影响研究 [J]. 中共四川省委省级机关党校学报,2013(1):113-119.

式""后福特主义""TQM"和"团队合作"理论等趋之若鹜时，殊不知早在60多年前，在中国最大的工业企业，就诞生了这些理论与管理法的精神母体——"鞍钢宪法"。美国麻省理工学院管理学教授罗伯特·托马斯明确指出，"鞍钢宪法"是"全面质量"和"团队合作"理论的精髓，它弘扬的"经济民主"恰是增进企业效率的关键之一。

"鞍钢宪法"着眼于管理行为中人际关系的调整，使管理活动始终成为一种开放系统，成为一种学习型组织，因而它适用于一切产生管理行为的范畴。

CHAPTER 2 | 第 2 章

产品质量的底层逻辑

在不同的时代背景下,不同的国家和地区会生产不同的商品。随着贸易的发展,高质量产品成为全世界争相购买的对象,生产高质量的产品,一定基于质量管理水平高组织。那么产品质量提升的底层逻辑是什么呢?从现代质量管理的理论来看,国家质量基础设施(National Quality Infrastructure)是非常重要的,它包括标准、计量与合格评定,而合格评定又包含了检验、检测和认证、认可。因此,产品质量的底层逻辑,就是构建一个符合时代发展的国家质量基础设施。在一个企业努力创新的同时,全社会的质量共治是非常重要的。另外,数据质量、碳标准的发展也极大地影响了质量管理和企业战略。企业在传统实物资产、金融资产的基础上,数据资产和碳资产成为影响其财务绩效的重要方面。这就更加需要企业坚持长期主义,在主动适应外部环境变化的基础上,深入把握质量管理 U 形曲线的规律，实现高质量可持续发展。

人的一生离不开对产品的评价，即对产品质量的判断。产品质量和每个人的生活息息相关。如何选择优质产品？这些优质产品具有什么特点？本章将通过一系列案例，将大家带入历史的洪流，身临其境地感受"质量"存在的意义，一起来探寻产品质量的底层逻辑。

2.1 衣——何为更优质

2.1.1 什么是好的服装

人们对服装的要求从最初保暖蔽体慢慢发展到现在的美观得体，服装的材质、板型、纺织工艺、色彩、尺码等都越来越考究。服装产业从最初的手工业发展到工业化，离不开技术的创新与高科技的应用，在这期间，离不开优质的质量管理。当今社会，人们对服装的要求越来越高，如何挑选合适的服装？什么才能算是好的衣服、鞋子、包？为何爱马仕的皮具被世界认可，稳居行业第一？为何提到运动跑鞋就会想到耐克、阿迪达斯？作为商业兼休闲的 ECCO 是如何做到全球最舒适的皮鞋领导品牌的？中国的安踏靠什么发展到现在的地位？

在对服装品牌的调查研究过程中，我们不难发现，用科技带领技术发展，用质量提升品牌价值，独特的经营模式和卓越的质量管理是它们成功的秘诀。那些世界上公认优秀的品牌都有着共同的特点，那就是超高的质量标准以及卓越的质量管理体系。不论是创新的技术研发，还是制造过程中的精益求精，无不彰显着品牌对质量的重视。

ECCO 是一家成立于 1963 年的丹麦鞋履品牌。ECCO 从最初的一家小制鞋厂起步，逐步成长为世界级的鞋类制造集团，其核心产品是休闲正装系列。ECCO 始终恪守"鞋必须遵循双足"的设计理念，持续改进制鞋工艺，坚持创新发展，制定新的产品标准，可靠的产品质量奠定了 ECCO 发展的基石。早在 1980 年，ECCO 就购买了第一台制模机并制定了一整套与之匹配的制鞋流程，也正因为使用这一创新工艺技术，ECCO SOFT 系列应运而生并延续至今。1985 年，ECCO 的又一创新措施是将品牌名称及标识印制在鞋底，这一举措帮助 ECCO 迅速扩张到世界各地。发展至今，ECCO 的产品畅销 99 个国家和地区，共有 2250 家门店和 14 000 多个销售点。ECCO 的成功不仅源于创新的技术水平，还离不开其始终如一的经营模式，ECCO 拥有自己独立的皮革厂和生产工厂，管理者能够把控每一个环节。从制革和鞋履制造到批发零售的整个价值链——即从皮革原料的生产到产品研发设计，再到产品制造和销售，ECCO 都直接监管。这种资源垂直的整合模式确保了每一个环节的产品质量，同时易于制定统一标准，集中管理。

与 ECCO 同属制鞋业的中国本土企业奥康同样意识到了质量的重要性，并将优越的产品质量和品牌定位作为企业的关切。奥康成立于 1988 年，以设计更舒适的男士皮鞋为经营理念。这种近乎追求完美的设计理念奠定了奥康的整体发展方向。奥康发布的 2021 年年度报告显示，公司 2021 年实现营业收入 29.59 亿元，同比增加 8.06%，其中男鞋 2021 年营业收入为 17.3 亿元，营收占比为 59.3%，毛利率为 41.5%。奥康怎样实现这样的成绩？在质量管理方面，奥康以顾客的舒适体验为产品核心价值，通过采集超过 300 万条脚型数据，深度分析中国人脚型特征，使皮鞋更舒适、更贴合。

相比于具有悠久历史和较高市场占有率的耐克、阿迪达斯等运动品牌，安踏作为国产品牌曾经一度被淹没在运动服装市场，但是近些年，安踏在中国市场可谓掀起了一番风雨。安踏创始于1991年，早期通过签约奥运冠军作为形象代言人，开创了中国"体育之星+央视"的营销模式。之后，安踏通过赞助中国男篮职业联赛，成为职业联赛运动装备指定合作伙伴。2007年，安踏在港交所上市，创下中国体育用品行业融资额最高纪录。2009年，安踏收购意大利运动品牌FILA。2015年，安踏重启国际并购，收购了英国品牌Sprandi和日本滑雪品牌Descente，并将两个品牌合并成DISANT，2019年又收购拥有始祖鸟、萨洛蒙、威尔逊三大知名品牌的国际体育巨头Amer Sports。聚焦中国市场、进行多企业并购、升级管理模式和品牌模式是安踏取得今天成绩的重要举措。

对于奢侈品品牌而言，工匠精神与追求极致品质成为差异化与价值塑造的核心。爱马仕于1837年在法国巴黎创办，早年以制造高级马具闻名于法国。后来，爱马仕将产品扩展到皮具、服装、丝巾、手表、珠宝等领域，爱马仕以其精湛的工艺技术、极致的工匠精神和对品质的精益求精，稳居奢侈品品牌榜首。爱马仕的每一个手袋内部都会缝制手工匠师的签名与编号，从皮质的选择到材料的剪裁、缝制都受到严格把控。不仅如此，爱马仕的品牌营销策略也居世界前列。树立品牌故事、营造产品稀缺性、高价和配货策略等都为爱马仕的品牌打造提供了支撑。

优秀的品牌创立需要独特的技术手段和标新立异的风格特征，而品牌的稳固地位和长效发展则需要不断精益求精的质量把控。客户对于服装的满意度是第一原则，作为服务于客户的生活必需品，服装的质量是否符合标准，每个人的直观感受才是商家首要考虑的。客户更多是通过感官来感受服装，如功能上是否保暖、防水、挡风，外观上是否漂亮、合身、时尚，而对于衣服的生产商来说，想要达到这样的最终目标，需要考量的是从设计、生产、销售、服务到售后维护等一系列过程的精细标准和质量控制。在这些优秀的品牌中，过程中的每一步都离不开质量管理，无论精致的工艺方法、服务质量的超高标准，还是领先于市场其他品牌的技术水平，其底层逻辑都离不开对质量的严格把控。

2.1.2　跨界合作的底层逻辑

跨界合作是不同领域、不同文化间的融合。很多奢侈品品牌会选择符合其品牌文化及能够彰显态度的合作方进行跨界交流。

爱马仕和布加迪合作的联名定制版汽车可谓是一件艺术佳品。布加迪的专业团队和爱马仕的 8 名设计师共同组成设计制造团队，耗时 3 年打造了一台全球限量款汽车。它的外观选择的是粉笔白色，内饰全部使用顶级皮革包裹，由爱马仕设计打造。另外，爱马仕为客户提供了贴心的定制服务，在车上专门设计了放置手套的收纳装备，同时上门为客户测量尺寸并定制手套。

宝格丽凭借精湛的工艺和奢华瑰丽的珠宝作品，成为奢侈品品牌中的顶级珠宝商。自 2012 年以来，宝格丽凭借 Octo 系列腕表创造了 7 项世界纪录，2022 年，宝格丽再次打破纪录，打造出一款超薄的机械手表 Octo Finissimo Ultra，其厚度仅有 1.8 毫米，仅次于之后瑞士品牌 Richard Mille 与法拉利联手打造的 RM UP-01 Ferrari。极具创新意义的是，每一块表上都配有二维码，消费者可通过扫描专属二维码进入只属于自己的数字世界，并享受宝格丽带来的艺术盛宴，这也标志着宝格丽已经开辟了自己的"元宇宙"时代。2004 年，宝格丽与美国万豪酒店合作，联手推出第一家品牌酒店——米兰宝格丽酒店。酒店选址全部位于国际大都市和豪华度假村，酒店的设计和装修是由知名设计师设计并最终完成的，所有细节都彰显了宝格丽追求高端奢华的品牌态度。宝格丽的每一家酒店均结合当地环境及文化精心设计打磨，既借助风景打造自己的环境，又为当地增添亮丽的风景线。

宝格丽酒店都有珠宝展示区域，有些隐藏在装修细节中，有些则摆放在大堂或门口，这些精巧的设计安排都由专业设计团队和建筑设计师共同打造。这些设计元素不断向客户传达宝格丽的品牌文化，从而潜移默化地加深客户的品牌感知。

类似的跨界合作不一而足，跨界合作的本质与价值是什么呢？这已经不只是单纯的商业合作，更是多种艺术的碰撞和思想文化的融合，是对原有思维模式的突破。多元化的交流合作推动了奢侈品行业的发展，为消费者带来了全新的体验，并为企业的发展拓宽了视野和领域，同时，顶级的合作势必会带来更高的质量追求，从而促进了产品的精益求精。

2.2　食——何为更美味

民以食为天，从古至今，食物都是人类赖以生存的根本。无论历史如何发展，食物为人类带来的幸福感都无可替代，味蕾的感受将会横跨几个世纪并最终停留在每个人的回忆中。或许记忆会变得模糊，但一口美食却能够让记忆跨越时间的维度。人类对于美食的追求永无止境，为什么有些美食能够长久传承？为什么有人愿意跨越半个地球去品尝异国他乡的独特风味？"美味"离不开食物制造过程中的质量把控与监管。

餐饮业也一直是涉猎极广的商业领域之一，原材料质量的把控、餐厅整体的管理运营、厨师的技术水平……从田间到餐桌包含无数复杂的环节，涉及诸多的群体，任何一处偏差都有可能影响最终呈现出来的食物品质。

2.2.1 米其林星级餐厅

谈到米其林，人们首先会想到米其林轮胎，而被评选出的米其林星级餐厅，也有着行业标杆一样的作用。关于米其林餐厅的诞生，有这样一个故事：在1900年的万国博览会期间，米其林公司的创办人米其林兄弟看好汽车旅行的发展前景，因此，他们将餐厅、地图、加油站、旅馆、汽车维修厂等有助于汽车旅行的资讯聚集在一起，出版了随身手册大小的《米其林指南》，被收录在这本指南里的餐厅，就被称为米其林餐厅。1926年，《米其林指南》开始用星号标记餐厅的优良程度，"米其林星级餐厅"也就是从这时候开始的。

收录在指南中的餐厅，至少先要获得到一副刀叉标记，这种标记是指南对餐厅的基础品评标准，从5副到1副不等，主要表明餐厅的舒适度。⊖不仅如此，米其林星级餐厅还有四大类14小项的评选标准，主要包括但不限于以下几项：餐厅食材选择，餐厅装潢、服务、用餐环境，料理的烹饪技术、手法、创新度，餐厅的酒窖规模、环境、酒的品类多少和优劣，餐厅上菜速度和频率，周围用餐者对于餐厅的评价等。

《米其林指南》打造了美食领域内顶尖的餐厅标准，这些系统的标准需要人工审核，他们被称作"监察员"。监察员每去一家餐厅或酒店进行评判，都需要隐瞒身份悄悄品评。在20世纪后半叶，《米其林指南》对餐厅、酒店的评选范围从法国扩展到整个欧洲，从爱尔兰到土耳其，从瑞典到阿尔巴尼亚都留下了神秘的米其林监察员的足迹。指南团队现有几十名专职监察员，虽然他们的身份对外是保密的，但并不影响他们"传统与苛刻"的共性扬名天下。每位监察员平均每年品评餐厅250家，

⊖ 杨利飞. 米其林餐厅指南对开展企业标准评价的启示 [J]. 质量与认证, 2017(3):34-35.

住宿检查 160 次,大约完成 800 次参观检查并撰写 1100 个报告,如果报告指出"餐厅不错",总部就会另派几位监察员再次前往,几经复核餐厅或酒店才有可能登上这本小册子。为了避免监察员和餐厅之间存在不法的勾当,总部每年都要轮调评鉴的区域,每位全职监察员每年旅游 30 000 千米,监察超过 500 种产品和服务项目。监察员对于有星级的餐厅或酒店的光顾会更频繁,如果有必要,他们会在一年内对同一家餐馆进行 12 次评价。他们大多数都在酒店管理类院校学习过,从事监察员之前均在餐饮酒店行业有 5～10 年的工作经历。

根据监察员提交的报告,米其林会在每年的"评星大会"上,最终决定是否授予餐厅或酒店星级。

米其林星级餐厅的食材奢侈昂贵,为了每天都给客人提供稳定出品的优质菜式,餐厅要不惜成本准备新鲜的食材,但米其林星级餐厅里更为昂贵的是技艺与创意。食材优质不足以成为米其林星级餐厅价格昂贵的决定性因素,更为珍贵的是主厨精湛的技艺与巧妙的构思。米其林星级餐厅的星级不仅颁给餐厅,同时也会颁给厨师。获得三颗星是许多厨师毕生奋斗的终极目标,这可以吸引远道而来的贵客,还可以赚取更多的收入。在米其林星级餐厅里,主厨以优质的食材,前瞻性的技艺,独特的用心,带给了客人超越食物本身的美好生活体验。

2.2.2 实用性与稀缺性的平衡——法国红酒的故事

如何定义品质?实用性与稀缺性的平衡可以作为消费者感知的重要维度。"唯有透过一杯香贝丹,未来才显得无比瑰丽。"这是法兰西第一帝国皇帝拿破仑在一次出征之前对香贝丹葡萄酒的评价,而香贝丹葡萄酒在后来也成为拿破仑最喜欢的葡萄酒。

葡萄酒的口味很大程度上由葡萄的产地及其土壤和环境气候所决定。法国的葡萄酒产区位于北纬42度至50度之间，为典型的地中海气候，法国葡萄酒味道醇美，通常有些发涩。意大利葡萄酒则会有苦涩的风味，口感紧致。西班牙葡萄酒会有一种坚果的味道。德国葡萄酒有一种"矿物质"味，雷司令是德国著名的葡萄酒，口味也会有一些"矿物质"的特征。美国葡萄酒主要产区位于加利福尼亚州，这里阳光充足，气候稳定，酿造的葡萄酒口味有丰厚的果香，香醇浓郁。澳大利亚葡萄酒口味柔和，香味丰富，口感清新。

法国大部分的葡萄都用来酿酒，同时，法国还拥有世界上唯一一家超一级酒庄——吕萨吕斯酒庄，由于其生产的酒价格昂贵，也有人称其为滴金酒庄。

据红酒世界网记录，2021年全球葡萄酒产量约为250.3亿升，法国因暴雨、冰雹以及霉菌侵袭等灾害，减产幅度达27%，但产量仍然有34.2亿升，占全球产量的13.7%。作为世界领先的葡萄酒生产大国，法国凭借其严格的规定、先进的技术标准和良好的品牌口碑，赢得了全世界人民的赞誉，在质量管理上领先世界。

虽然现在法国葡萄酒享誉世界，但是在19世纪中叶到20世纪中叶，法国假酒横行，很多假酒的酒标上写的是著名产区，例如教皇新堡、夏布利、波尔多、香槟等，极大地损害了各产区的名声。20世纪20年代，教皇新堡的酒农们成立了专门的委员会，想要振兴这个衰弱的产区。他们决定在当地运用一些措施，如规定葡萄品种、控制产量、优化采摘方式、优化酿酒方法等。这些措施的实施使得教皇新堡的酿酒业很快复兴。1933年，法国高等法院批准了酒农们的申请，教皇新堡正式成为一个原产地标识，受到法律的保护，教皇新堡的措施极大影响了原产地名号控制（AOC）法律的监管内容。1935年7月30日，法国政府正式成立了专门的监管委员会，全力整顿法国葡萄酒市场，这也正式掀开了法国葡萄酒质量管理的篇章。这个机构正是"法国原产地命名研究院"（INAO）的前身。INAO总部设在巴黎，由各地区的委员会和管理中心监管，集葡萄酒生产、政府职能和商业三位一体。1963年，以法国法律为模板，欧洲所有的葡萄酒法律协调一致。了解了法国葡萄酒法律，也就对欧洲其他各地的葡萄酒法律有了认识。

法国葡萄酒拥有悠久的历史、丰厚的自然条件以及深厚的文化底蕴，无可替代。是什么造就了法国葡萄酒不可撼动的地位？归根结底有三个主要的原因：法律制约、极致标准和感知质量。

1. 法律制约

根据法国法律对葡萄酒品质的划分标准，葡萄酒由高到低分为四个等级。

（1）法定地区葡萄酒。

这是最高等级的法国葡萄酒，不论是其使用的葡萄品种，还是葡萄的培植方法和酿酒方法，都受到了最严格的标准管理。

（2）优良地区餐酒。

这是仅次于法定地区葡萄酒的等级，作为晋升法定地区葡萄酒所必须经历的级别，优良地区餐酒的生产直接受到法国原产地命名研究院的严格监督。如果酒质良好，则有机会升级为法定地区葡萄酒。

（3）地区餐酒。

这是日常餐酒中酒质最好的酒，地区餐酒必须使用被专门的品酒委员会认可的葡萄品种，并且还要通过品酒委员会的核准。

（4）日常餐酒。

法国酿酒历史悠久，调配技术高超，日常餐酒作为法国大众餐桌上最常见的葡萄酒，有着稳定的品质，深受普通大众的喜爱。

法国对葡萄酒的划分标准，不仅区分了国内葡萄酒的品质，还对世界葡萄酒等级划分起了重要的作用。

法国从葡萄培植一直到摆酒上桌，全程实施严格管理，而且这种管理是国家强制的。

首先，是土地监控。

葡萄酒生产企业首先要获得种植葡萄许可权，种植地域、葡萄品种都要获得许可。由于法国的葡萄酒产量过大，政府对种植葡萄许可权严格限制，新的业主往往要通过财产继承或他人转让获得。

其次，是生产、加工过程控制。

对葡萄的控制包括葡萄品种、葡萄栽培方式、修剪方法和管理措施、每公顷最高产量等。对葡萄酒的控制包括酿造工艺、陈酿工艺、陈酿贮藏条件、最低酒精含量等。为保障名牌酒的质量，法国农业部全国名牌酒控制中心负责控制名牌葡萄酒的产量，并组织专门的委员会专家对名牌酒进行品尝，合格后才指定质量等级、授予证书。

最后，是制定相关法律法规。

法国于1919年就正式制定了《保护原产地名称法》。该法律的有效实施，大大提高了葡萄酒的质量与附加值，由此推动了其他具有原产地域产品保护制度的发展。2006年以前，法国有葡萄酒总协会、蔬菜总协会、水果总协会，2006年之后，这3家机构合并成为法国葡萄酒总协会，受农业部和经济财政部的双重管辖，它不仅是国家机关，同时也是咨询机构，为企业提供技术咨询服务。

法国葡萄酒总协会负责制定所有与葡萄酒相关的法律法规，并直接调控市场。如果有些葡萄酒需要重新调配，法国葡萄酒总协会就会予以批准，并拨付专项经费。为了葡萄酒达到供需方面的平衡，法国葡萄酒总协会通过蒸馏等环节进行调节控制。法国葡萄酒总协会与欧盟关系非常密切，相互渗透，它制定的许多法规往往直接影响着欧盟的相关法规的规定。欧盟对法国葡萄酒总协会也有拨款，用以研究制定切实合理有效的法律法规。

2. 极致标准

法国对葡萄酒从葡萄的根、葡萄的种子到葡萄的种植、葡萄酒的生产酿造、葡萄酒的标签都有严格而细致的规定和标准。法国葡萄酒总协会及其各地区的分会全面负责这些工作。葡萄酒质量控制关键点包括：产地生态条件、酿酒葡萄品种、栽培模式、酿造技术、储运方式等。

在法国，葡萄酒生产企业要先获得种植许可权，包括种植地域、葡萄品种等项目，葡萄的施肥和浇水环节也要经过审核批准。欧盟相关组织或葡萄酒协会会定期抽检，如发现有农药残留或者化肥使用不当等不按标准种植的情况，该企业不仅会被取消相应的认证资格，还将面临巨额的罚款。另外，销售葡萄酒必须出具由国家法定机构颁发的正式文件说明流通细节，以证实该产品身份，然后才能进行交易，否则即为非法交易。总之，法国葡萄酒从种植、生产、酿造到销售的各个环节都有一系列监督和严格管理标准，各相关机构分工明确，这些措施都为法国葡萄酒的品质提供了有效的保障。

法国实施严格的原产地域保护制度。AOC 界定了葡萄酒产地的地理位置及各个葡萄酒产区的生产标准，同时也规定了酿造过程中葡萄品种使用的最低和最高百分比。在葡萄成熟度和酒精度方面，INAO 规定了葡萄采摘时的最低含糖量，有时也要求成品葡萄酒中的最低和最高酒精度。对于如何种植葡萄，如何生产葡萄酒，INAO 也做了具体规定。在产量方面，以前有卡思卡特系统，允许生产商在一个 AOC 内多采摘一些葡萄，但是超出部分的产量，应标为低一级别的 AOC。1974 年时 INAO 废除了这个规定，现在的葡萄酒产量有三个类别，基本产量可以修改，年产量根据环境等因素可做调整，但会限定最高的产量范围。对于特殊年份，可能会允许增加产量。

酒瓶上的酒标也有严格的法律规定和标准。从法国红酒的酒标就能看出这瓶酒的所属酒庄，这便决定了这瓶红酒的品质级别。

3. 感知质量

一些高奢法国葡萄酒酒庄依据其特有的品质属性、悠久的传统酿造方式、绝佳的土壤环境优势，会严格控制其出品的葡萄酒产量，同时仅向贵族或长期的高端会员限量发售。这些葡萄酒一旦被贴上了稀缺的标签，其价格便会飞涨，也因此涌现了一批葡萄酒收藏家。

一项名为"产品稀缺诉求对消费者购买意愿的影响研究"指出：产品稀缺信息确实会对消费者的感知和购买行为产生重要影响，内在的影响机制包括认定昂贵性、感知稀缺性、感知竞争性、感知价值、感知质量、预期后悔等。研究显示，消费者选择购买商品时，更加看重商品对自我或社会的象征意义，即稀缺产品比普通产品更容易让消费者产生心理所有权；同时，研究发现了产品具有稀缺性会增强消费者的购买意愿。因此商家可通过打造商品的稀缺性从而提高商品在消费者心中的地位。法国将葡萄酒做到了极致，这种"绝对的稀缺"巩固了法国葡萄酒的世界地位。

相比之下，我国的葡萄酒产业在国际上缺乏核心竞争力，曾经引以为傲的价格优势，现在已经被智利所生产的葡萄酒超越。智利葡萄酒物美价廉，近十年迅速开拓市场，已在世界葡萄酒市场上站稳了脚跟。因此，打造中国本土葡萄酒品牌迫在眉睫。我国目前葡萄酒质量等级评定亟待升级，需要进一步注重地理标志的认证和保护，加强监督力度，完善产地溯源机制，提高市场地理标志产品的认知度与评价。为使我国已有的葡萄酒产业集群有更好的发展，更要不断加强葡萄酒行业的技术支撑与人才培养。机械化和数字化将是推动葡萄酒产业的重点。无论政府机关、行业协会还是第三方服务机构，都应加强建立葡萄酒产业集群的完整链条，不断完善葡萄酒产业的整体行业标准。

TQM 是一个长期的工作，既需要国家政府的支持、全面的制度监管、市场的推进、内部的不断调整和更新，同时也需要用对质量管理的方法，通过坚持不懈地努力和尝试获得卓越成效。

罗斯柴尔德拉菲古堡位于法国西海岸沿线，拉菲是极为昂贵的葡萄酒之一。在 17 世纪，塞古尔（Segur）家族到来，成员的用心经营和卓越管理，造就了拉菲古堡。拉菲古堡从创立到成为世界顶级的葡萄酒庄园，经历了很多变迁，更是经过了几个家族的不懈努力。每一个卓越的企业或品牌的成长过程中都会有低谷，正确面对 TQM 初期的低谷，坚持正确的质量管理方法，前期的大量投入和不懈努力终将造就多年后的卓越成果。

2.3　住——何为更舒适

2.3.1　房子的演变

什么是好的建筑？不同时代，人类对建筑的需求各不相同。在人类历史进程中，建筑的演变不仅体现了人类文明的发展，更象征着社会的不断进步和文化艺术的升华。原始时期，住宅的主要作用是躲避野兽和风雨，这对应人类最早的居住方式——树居和穴居。利用大自然打造居住场所是建筑早期的形态，这时候的建筑也仅仅体现其功能性。茅草屋是人类历史上最早的房子，除了具备基本的居住条件外，茅草屋的出现体现了人类最早的审美视角，这段时期房屋的构件材料基本上源于大自然。随着人类文化技术的进步，人们发现了更能抵御环境危害的建筑形式，开始使用木材或石头建造房屋，即木屋、石屋。紧接着，砖瓦屋的出现奠定了建筑的发展基础，中国是世界上最早烧制砖瓦的国家，作为建筑的主要材料，砖瓦的出现不仅能更好地保障居住功能，同时可以让房子有各种不同的形态，建筑设计也从这时候开始不断发展。再后来，建筑形态发展为钢筋混凝土和钢结构房屋。为满足住房需求，提高建筑建造效率，装配式建筑应运而生，直到现在这依然是建筑发展的一大趋势。随着人类与自然的和谐共生，健康建筑成为主流。近年来各国都在为健康建筑研究路径，寻找适应环境适应人类的新建筑领域。

高线公园（The High Line）是全球城市废弃设施再利用的成功案例，它将一条废弃的铁路轨道改造成了纽约市的著名景点，曾获得景观界中的奥斯卡——美国风景园林师协会奖（ASLA）。高线公园有何独特之处呢？

高线铁路在20世纪30年代建成并投入运营，1980年停止运营，在这期间，该条铁路为人们运输了数百万吨肉类、奶制品和农产品。直到2009年，荒废了几十年的铁路轨道终于焕然一新，以全新的面貌展现在公众面前，摇身一变成了融合历史文化和自然环境的艺术圣地。高线公园位于美国纽约市曼哈顿中城，是建于弃用的纽约中央铁路西区高架桥上的线形空中花园，总长约 2.4 千米，拥有 500 多种植物，距离地面约 9.1 米。高线公园由高线之友与纽约市政府合作规划、运营和维护。除了公共空间和花园之外，高线公园还向所有人免费开放，承办各种公共活动、表演以及世界级的艺术品展览。高线公园有 14 个出入口，多个出入口配有电梯或轮椅通道，方便游客进出。高线公园紧邻惠特尼美术馆，那里可以观赏到前卫的艺术作品。公园沿线有非常多的开阔空地和休息场所，游客不仅能欣赏这里繁茂的植物，感受艺术的熏陶，同时还能在这样一座忙碌的都市中享受片刻的慢生活。高线公园不仅彰显了纽约的文化，同时向世界展现了建筑与环境的完美融合。

2.3.2 绿色建筑

说到建筑，我们不得不提及一个重要概念——"绿色建筑"。在当今时代，建筑不仅仅是为人类遮风避雨的场所，"健康""低碳"早已成为目前建筑发展的主流方向。建设者不仅要考虑建筑物对使用者带来的影响，从多方面提高人们的生活质量，同时也要考虑建筑物对周边社区和环境的影响。任何的生产生活活动，都将对我们所居住的这个共同的世界造成影响，如何尽可能减少对自然的破坏，延缓地球达到承载能力极限的时间，已经成为人们需要思考的重要议题。

绿色建筑的概念早在 20 世纪 60 年代就已出现，选择绿色建筑起初是为了保护环境，减少人类活动对生态的破坏，后来逐渐演变成为人类创造更高价值。绿色建筑不仅是环保理念的具象化，更是人文关怀的体现，绿色建筑让居住在其中的人享受更健康、更舒适、更优越的生活。

绿色建筑是指在全寿命期内，节约资源、保护环境、减少污染，为

人们提供健康、适用、高效的使用空间，最大限度地实现人与自然和谐共生的高质量建筑。[注]

绿色建筑是一个高度复杂的系统工程，在现实中，如何实施和推广及如何辨别虚假炒作的绿色建筑，有赖于明确的绿色建筑评估系统的建立，以及明确的绿色建筑评价结果的生成。

绿色建筑的探索和研究始于20世纪60年代，由环境问题引申而来，影响广泛，知名建筑师保罗·索莱里把"生态学"（Ecology）和"建筑学"（Architecture）两词合并为"Arology"，提出了著名的"生态建筑"理念。"生态建筑"强调使用本土材料，尽量避免装配近代能源及电气化设备。由于地球环境危机，1980年，世界自然保护组织首次提出"可持续发展"的口号，呼吁全球重视环保。1987年，世界环保与发展会议发表了《我们共同的未来》报告，提出人类可持续发展的策略，获得全球的响应。

1992年6月，划时代的"联合国环境与发展大会"在巴西里约热内卢召开。聚集了170多个国家和联合国机构的代表和118位国家元首，共同商讨拯救地球环境危机的方法，绿色建筑由此逐渐成为一个兼顾环境和舒适健康的研究体系。1996年6月，在伊斯坦布尔召开的联合国第二次人类居住大会上，签署了《人居问题议程》，该议程呼吁全世界针对当今的都市危机研讨对策。绿色建筑和可持续发展理念得到广泛传播。自1990年英国制定世界上第一个绿色建筑评估体系BREEAM后，很多国家及地区相继推出各自的绿色建筑评价体系，大力推动绿色建筑的发展。

[注] 中华人民共和国住房和城乡建设部.绿色建筑评价标准：GB/T 50378—2019[S/OL]. 北京：中国标准出版社，2019 [2019-08-01].https://www.mohurd.gov.cn/gongkai/fdzdgknr/tzgg/201905/20190530_240717.html.

2015年9月，在联合国可持续发展峰会上，193个成员国正式通过了联合国可持续发展目标，旨在2015～2030年以综合方式解决社会、经济和环境三个维度的发展问题，推动人类社会转向可持续发展道路。其中气候行动（Climate Action）目标是期望通过一系列科技手段和行为改变，将全球平均气温升幅控制在工业化前平均气温2摄氏度以内。

2022年3月1日，住房和城乡建设部发布的《"十四五"建筑节能与绿色建筑发展规划》提出，到2025年，城镇新建建筑全面建成绿色建筑，建筑能源利用效率稳步提升，建筑用能结构逐步优化，建筑能耗和碳排放增长趋势得到有效控制，基本形成绿色、低碳、循环的建设发展方式，为城乡建设领域2030年前碳达峰奠定坚实基础。

目前，国家有关部门已经推出了一系列措施，为调整并升级建筑市场结构和发展指明方向。例如，由住房和城乡建设部发布的《民用建筑能耗标准》（GB/T 51161—2016）和《绿色建筑评价标准》（GB/T 50378—2019），以及将会陆续出台的《能源管理体系标识》《节能评估标识》《能效审计标识》《低碳标识》《绿色生态城区标识》等绿色建筑相关标准。此外，国家发展改革委发布了包含34项低碳技术在内的《国家重点推广的低碳技术目录》，大力推广低碳技术的应用。

英国在1990年推出了BREEAM，这个体系是人类最早对于绿色建筑的评估认证的体系，之后多个国家相继推出了结合本国情况的一些绿色认证体系，其中以美国的能源与环境设计先锋（LEED）影响最为广泛，目前在世界范围内这套体系推广得非常成功。此外还有澳大利亚的NABERS、挪威的Eco Profiles、法国的ESCALE、日本的CASBEE和我国的《绿色建筑评价标准》等。一些国际性的评估系统也在发挥着功能，如IISBE（International Initiative for a Sustainable Built Environment）

发行的 Green Building Tool 评估体系。各国都注重与本国的实际情况相结合，随着绿色建筑实践在各国的不断发展，评估工具也由早期的定性评估转向定量评估，从早期单一的性能指针评定转向综合了环境、经济和技术性能的综合指针评定。这些评估体系的制定及推广应用对各国在城市建设中倡导绿色概念，引导建造者注重绿色和可持续发展起到了重要的作用。在新的建筑环境评价体系的指导下，世界建筑业正逐步向绿色化方向发展。

（1）美国 LEED 认证体系。

美国的 LEED 认证体系是目前世界范围内推行最广、影响最大的评价标准，是 1996 年美国绿色建筑委员会制定的绿色建筑评价体系，由绿色事业认证公司进行评审和认证。LEED 主要强调建筑在整体、综合性能方面达到绿色化要求，因此得到认证的建筑不一定是节能建筑。LEED 很少设置硬性指标，各指标间可通过调整相互补充，LEED 可以对建筑项目的全寿命周期进行评价，凡通过 LEED 评估的工程都可获得由绿色建筑认证协会颁发的绿色建筑标识。

LEED 认证体系主要从整合过程、选址与交通、可持续场地、节水、能源与大气、材料与资源、室内环境质量、创新和区域优先九个方面对建筑进行综合考察，评判其对环境的影响，并根据每个方面的指标进行打分，总分是 110 分，共有四个认证等级：铂金级、金级、银级、认证级。

LEED 认证体系适用于建筑所有生命阶段与所有类型，并且已从建筑内空间及单体建筑拓展至城市及社区等区域，为打造健康、高效、节约成本的绿色建筑提供了框架，有助于减少碳排放，提升人类的健康水平，为人类带来福祉，作为世界上应用最为广泛的绿色建筑及城市的评价体系，它已覆盖到全球 182 个国家和地区。

截至 2021 年底，中国共拥有 7712 个 LEED 项目（包含已认证及认证中），总面积超过 3.6 亿平方米。其中获得认证的项目总数达到 4217 个，总认证面积超过 1.4 亿平方米，同比 2020 年新增认证项目数上升了 32.53%。

（2）英国 BREEAM 认证体系。

英国 BREEAM 是始创于 1990 年的世界上第一个绿色建筑评估方法，现行全球影响力最大的美国 LEED 认证体系就是在 BREEAM 的基础上开发的。因为该体系采取"因地制宜、平衡效益"的核心理念，使它成为全球唯一兼具国际化和本地化特色的绿色建筑评估体系。

BREEAM 认证体系涵盖了从建筑主体能源到场地生态价值，容纳了社会、经济可持续发展的多个方面。BREEAM 主要面向新建建筑和既有建筑，对其核心表现因素、设计和实施、管理和运作各方面进行评价分析，目标是减少建筑物对环境的影响。BREEAM 九大评估范畴包括能耗控制、健康宜居、项目绿色管理、绿色建筑材料、污染控制、用地与环境生态、废物处理、绿色交通和水资源利用，新版标准中还开发了三个新的指标：循环利用、人员健康、全生命周期碳排放。

（3）德国 DGNB 认证体系。

德国建筑物综合环境性能评价体系（DGNB）依据 2007 年由德国可持续建筑委员会组织德国建筑行业的专业人士共同开发的绿色建筑标准而来，是一个涵盖了生态、经济、社会三大方面，以及建筑功能和建筑性能评价指标的体系。DGNB 认证体系是代表着世界最高水平的第二代绿色建筑评估认证体系。

DGNB 认证体系有三个主要特点。

第一，全生命周期评估。DGNB 认证体系将建筑项目的整个生命周期考虑在内，而不单单是某个阶段或者某件产品。

第二，全面。DGNB认证体系涉及多个领域，同时强调核心的可持续性因素。

第三，目标表现导向。DGNB认证体系系统评估建筑的整体效果，而不仅仅是单个措施。

近年来DGNB认证体系快速发展，发布了多个版本，最新的版本是2020年发布的DGNB国际版。其评价体系主要由六大核心要素组成，分别是环境质量、经济质量、社会文化及功能质量、技术质量、过程质量和区位质量，涵盖了建筑全生命周期评估、空气质量、热舒适、声学舒适、视觉舒适、项目文件的可持续管理、施工、交通连接等总计38项评价条款。

DGNB认证体系评分时，每个专题分为若干标准，对于每一条标准，都有明确的界定办法及相应的分值，最高为10分。DGNB认证体系力求在建筑全生命周期中充分发挥建筑的使用功能，保证建筑的舒适度，不仅实现环保和低碳，更将建造和使用成本降至最低。

（4）美国WELL认证体系。

WELL认证体系是通过建筑环境改善人体健康状况，为人类带来福祉的建筑评价体系。与前几项绿色建筑认证体系不同的是，该认证体系的全部条款都是以促进人体健康为出发点的。WELL认证体系由Delos公司创立，国际WELL健康建筑研究院（International WELL Building Institute，IWBI）运营管理，绿色事业认证公司进行第三方认证。

WELL认证体系将建筑使用者的健康作为设计、施工和运营的首要考虑条件，通过探索人体健康与建筑环境之间的关系，结合科学技术、医学、设计等最新成果，打造健康的人居环境，并期望以这样的理念带动建筑产业的变革。

截至 2022 年底，全球有 125 个国家和地区参与 WELL 认证或评价，参与 WELL 认证或评价的项目达 40 100 多个，已注册 WELL 认证或评价面积达 4.22 亿平方米，已获得 WELL 认证或评价项目及物业 22 600 多个，已经获得认证或评价面积 2.39 亿平方米。

（5）新加坡 Green Mark 认证体系。

Green Mark 认证体系于 2005 年 1 月由新加坡建设局推出，旨在评估建筑对环境的影响和自身性能，是评估新建及现有楼宇的整体环保表现的体系。Green Mark 主要评价内容包括气候响应设计、建筑能源性能、资源管理、智能健康建筑以及绿色推进措施五个部分。Green Mark 评价采用"先决项 + 得分项"的方式，先决项为必须实施项，得分项直接累加，汇总得到总分。其认证等级分为金级、超金级、铂金级，对应分值为 50 分、60 分、70 分。

新加坡建设局根据新加坡绿色建筑实践过程中的反馈与绿色建筑理念的发展，不断细化和完善 Green Mark 认证体系，每隔 2～3 年就会对现有版本进行一次修订。Green Mark 在新加坡国内是强制标准。截至 2020 年底，新加坡有超过 4000 个建筑项目达到了认证标准，建筑面积约为 1.23 亿平方米，占新加坡总建筑面积的 43% 以上。

（6）中国《绿色建筑评价标准》。

《绿色建筑评价标准》作为规范和引领我国绿色建筑发展的根本性技术标准，2006 年首次发布，2014 年第 1 次修订版发布，2019 年第 2 次修订版发布。该标准在我国绿色建筑发展中起到了重要作用：一是首次明确了我国绿色建筑的定义、评价指标和方法，为评估建筑绿色程度，保障绿色建筑质量，规范和引导我国绿色建筑健康发展奠定基础；二是促进形成了具有我国特色的涵盖绿色建筑设计、施工、审查、评价、运维、检测等工程建设的全过程技术标准体系;三是有力推动了我国绿色建筑的规模化发展。

绿色建筑评价指标体系由高到低划分为三星级、二星级、一星级和基本级,包括安全耐久、健康舒适、生活便利、资源节约、环境宜居五大指标。

截至2020年底,我国绿色建筑面积达到了66.45亿平方米。2020年当年新建绿色建筑占城镇新建民用建筑的比例达到77%。据不完全统计,全国获得绿色建筑标识的项目累计达到2.47万个,建筑面积超过25.69亿平方米。

(7)中国建材集团的绿色发展实践案例。

2002年,中国建筑材料集团有限公司与中国中材集团有限公司加起来只有36亿元的销售收入,后来在宋志平先生(见图2-1)的带领下,取得了非凡的成就。两者重组后的中国建材集团2017年销售收入达到3042亿元,全球企业排名第230名,成为世界500强企业。

图2-1 本书作者中建协认证中心董事长王海山博士(左)与中国建材集团前董事长宋志平(右)合影

中国建材集团在我国积极倡导可持续发展、生态文明建设的背景下，大力发展绿色建材，同时主动淘汰低端落后产能，努力生产高标准的建筑材料。在人们的印象里，水泥生产企业通常是黑烟滚滚、尘土飞扬的，而中国建材集团淘汰落后的生产方式，加大创新力度和技术升级，其下属水泥企业均配备了先进的干法生产线。2007年，中国建材集团集中爆破拆除了枣庄9条机立窑生产线，并在原址上建设了日产5000吨熟料水泥的生产线节能环保综合工程，构建了集生态工业、观光农业、新农村建设、休闲旅游于一体的循环经济链，把水泥企业变成了"花园式工厂"。在废弃物循环利用方面，中国建材集团自主研发了使用电厂工业废弃物脱硫石膏生产纸面石膏板的技术与装备，目前产能达到16.5亿平方米，位居全球第一。

（8）中城联盟绿色采购实践案例。

中国城市房地产开发商策略联盟（简称中城联盟）成立于1999年，是由房地产行业内颇具影响力的多家企业联合发起的，全国各主要城市的品牌开发商以平等互利为原则组成的行业策略联盟。目前轮值主席是朗诗地产的田明，联盟成员包括万科、朗诗地产等70多家地产公司。在2016年北大国家发展研究院举办的"从巴黎到摩洛哥"——2016联合国气候大会中国企业行前新闻发布会上，由中城联盟联合发起的"中国房地产行业绿色供应链行动"参与企业达到70家。这些企业共同承诺在共同的采购指南和行动方案的指导下，管理自身供应链，坚持绿色采购，从开采源头、生产过程、终端消费等多个角度入手，绿色化整个供应链条，提高环境效益和资源利用效率，承担中国社会发展、环境保护中自己的责任。中城联盟发布了《中国房地产行业绿色供应链采购标准白皮书》，由第三方独立机构提供技术支持，推选环境表现良好的供应商进入"推荐采购名单"。

2.3.3　装配式建筑

（1）山雨欲来——装配式建筑给行业带来的颠覆式冲击。

装配式建筑在欧洲经历了漫长的发展历程。装配式建筑我们并不陌生，这是我国曾经大力发展过的项目，上初中时我家旁边就是一个建筑构件厂，生产空心大板，据说后来停产了，现在重新起步。

制约我国装配式建筑发展的因素非常多，包括技术、标准、产业政策、成本等。然而我们不得不面对的一个现实，即人口红利逐渐消失。建筑业可持续发展的真正危机在于有繁多的项目、巨大的投资，却没有足够的劳动力。日本和韩国建筑业的衰落，劳动力缺失是重要的原因之一。

装配式建筑给这个行业带来了新的契机，从政府到企业，大家都非常关注它，然而，真正想转变的企业并不多。大多数的建筑企业还是按照原来的轨迹投标、干活、结算，这就是惯性的力量。

柯达公司在鼎盛时期时虽然发明了数码技术，但是没有主动放弃胶片业务的巨大流量，直到被后来者用数码技术颠覆。无独有偶，诺基亚公司在智能手机业务决策上接连失误，被苹果公司等一批后起之秀颠覆。我们对近百年的公司发展进程简单梳理一下，发现了一个特别令人唏嘘的规律——行业龙头很多是被外部进入者颠覆的。这正应了那句老话：人无远虑，必有近忧。

（2）欧洲 Syspro 联盟。

欧洲 Syspro 联盟于 1991 年正式成立，是经过正式注册登记的混凝土预制产品的协会组织，联盟的目标是确保提供高质量水平的精密混凝土预制构件。在德国，运输混凝土大型构件的车是专用的，底盘有一个特制的凸起设计，运输时把大型构件吊起来用特制的装置加以固定，这样就避免了很多侧翻事故。同时，针对这类车辆的驾驶装卸等技术要点，Syspro 联盟也和德国交通部门共同推出了标准，只有考取了专门的驾照，才能驾驶这类车辆。

德国预制化工厂发展到 20 世纪 80 年代末至 90 年代初时开始向自动化生产领域转变，为了将大量的生产构配件集中储存，并进行统一的市场推广和分销，欧洲 Syspro 联盟应运而生。在欧洲，Syspro 联盟作为权威的全产业链认证联盟，在质量认证方面，拥有 HiQ 认证体系，可以全方位保证装配式建筑工厂及相关产品的高质量发展；在防水认证方面，拥有专有的认证标识，可对 Syspro 双层墙和保温墙系统的防水密封性进行认证；在安全认证方面，拥有 GS 认证标识，可对预制场吊钩安装安全、预制构件运输安全进行认证；在环保认证方面，通过引入绿色标签（Green Label），对预制构件的低碳相关指标进行了更为全面的保障。此外，Syspro 联盟还通过发布《现场装配指南》《建筑设计指南》《热桥设计指南》等行业指导性文件，进一步帮助工人快速掌握各类装配式建筑相关操作技巧。

2018 年 11 月，第三届中欧建筑工业化论坛期间，中建协认证中心、中欧云建、中建科技集团、北京市住宅产业化集团、北京住总万科、利勃海尔六方共同签署协议，正式成立 C-Syspro 中国建筑工业化高品质建造企业联盟（简称 C-Syspro 高品质联盟）。

C-Syspro 高品质联盟的价值观是品质、效率、智能、绿色，致力于发挥联盟成员的资源优势，共同研究行业所面临的基础性和共同性问题，对标先进的国际标准，积极推动装配式行业发展。C-Syspro 高品质联盟借鉴国际先进的装配式建筑技术和标准，通过技术转移、标准编制、认证检测等质量管理手段推动中国装配式建筑行业的高质量发展。C-Syspro 高品质联盟根据欧洲标准结合国内产品实际情况，建立了 HiQ 标准。正常情况下，德国专家每半年参与一次 C-Syspro 高品质联盟工厂的外部审核，国内中建科技等企业通过了 HiQ 认证，以提升装配式建筑的质量。㊀

（3）6万亿元装配式建筑市场，谁主沉浮。

2019 年全国建筑业总产值 24.8 万亿元，按照《"十四五"建筑业发展规划》，到 2025 年，装配式建筑占新建建筑的比例将达到 30%，折合产值每年至少 6 万亿元，这是一个巨大的蛋糕。2017 年，我们在住总万科的装配式建筑厂房里召开了"世界认可日"活动，各行业对装配式建筑越来越关注。

玩法变了，原来大的建筑承包商的优势将不复存在，甚至成为巨大的包袱。装配式建筑业是制造业范畴，有设备、有生产线、有工人，标准化构件，现场组装。2016 年我在德国时看到一个在建的有 6 栋塔楼的小区，只有 4 个人在干活，不需要项目经理也不需要生产经理，合约计价也不一样了，资源组织方式变了，管理要素变了，流程变了，一切都变了。尽管目前我们在技术标准、制造体系、信息化系统以及人力资源等方面还没有准备好，但是这个产业在欧洲是成熟的。

在转型升级的大背景下，产业链从投资、规划设计、建造、运营服务各环节相互渗透，产业外的企业也不断进入，波特五力模型又有了用武之地，6 万亿元市场，产业生态里的企业如何分蛋糕？高质量转型升级成为关键的竞争力。

㊀ 张伟宏，张军. 欧洲 Syspro 高品质联盟发展历程对我国建筑工业化的启示 [J]. 墙材革新与建筑节能，2019(7):54-58.

2.4 行——何为更便捷

早期人们出行还只能依靠双腿双脚，之后是马车开始作为代步工具。随着全球化、工业化的发展，汽车、火车、轮船、飞机出现在人们的生活中，在未来，太空旅行也将不再是科幻片里的场景。

2.4.1 汽车质量的发展

汽车作为我们主要的交通工具，在历史的长河中有着不可取代的地位，随着人类生活水平的提高以及社会发展的进步，汽车相关技术不断创新。从汽车的发展历程中不难看出，成功的品牌背后离不开企业对于质量管理的精益求精和执着探索。有些企业会经历失败、挫折，甚至怀疑发展方向是否正确，但在历经百年的摸索、坚持、尝试和实验后，无论品牌如何定位，功能怎样创新，技术如何高超，它们对质量的把控和追求贯穿了每个发展阶段，这成就了这些优秀的品牌。

奥迪的历史最早可以追溯到 19 世纪。1899 年初霍希汽车合资公司成立，1933 年奥迪、DKW、霍希和漫游者四家汽车制造商合并成汽车联盟，并由此诞生了现在的四环标志。虽然第二次世界大战时期汽车联盟遭遇了一些发展困境，但其在 1964 年被大众收购并于 1971 年推出超越时代的车型 NSU Ro 80，明确了奥迪沿用至今的使命宣言：突破科技，启迪未来。1985 年，公司正式更名为奥迪股份有限公司。

汽车品牌要具备专业的技术条件和长期的质量水准才能立足市场，并延续百年。奥迪在 1980 年时研发了 Quattro 四驱技术，永久四驱系统的应用在当时引起了轰动。奥迪于 2022 年 5 月 2 日对外宣称将于 2026

年以动力单元供应商的身份进军 F1。

汽车工业真正进入大规模生产时代源于福特汽车。1908 年，亨利·福特发明了 T 型车，并在 1914 年率先推出了流水线大批量生产方式，以零部件在传送带上运输取代工人在车间来回走动。这一创新大大缩短了工作周期，使汽车生产效率迅速提高，产量大幅增加。精细分工解决了汽车产业劳动力的问题，降低了人工成本，在这种条件下，每个工人只需承担一项工作，掌握一门技术，以标准化流程进行生产作业即可，克服了工人在技能、语言及习惯上的差异带来的种种不便。

福特汽车最早实现了产品的标准化和大批量生产，这种标准化生产在确保质量的前提下，降低了汽车的生产成本和销售价格，并促进了美国汽车产业的大规模发展。

福特有史以来第一次全面采用了统计学的质量管理方法，并且要求生产经理在发现劣质零件或者材料缺陷时把整条生产线关掉，福特利用"质量第一"计划追求卓越的品质，同时还创造了员工参与计划，使生产线工人成为改善质量的关键成员。⊖

20 世纪 60 年代，日本进入汽车社会。1977 年，日本出口汽车达 450 万辆。⊜1980 年，日本取代了美国，成为世界上汽车市场占有率最高的国家。日本的精益生产方式为日本汽车的发展奠定了重要的基础，直到今天，丰田管理模式依旧是各行各业管理实践的重要工具。丰田生产系统（Toyota Production System，TPS）是丰田管理的核心，该生产控制系统是在多年持续改进的基础上建立的，目的是以最快、最有效的方式

⊖ 柯林斯，波勒斯. 基业长青：企业永续经营的准则 [M]. 真如，译 .5 版. 北京：中信出版社，2019.

⊜ 傅高义. 日本第一：对美国的启示 [M]. 谷英，张柯，丹柳，译. 上海：上海译文出版社，2016.

交付客户订购的车辆。丰田生产系统是基于两个概念建立的："准时性"和"自动化"。

第一个支柱"准时性"强调三个方面：连续流动、节拍时间和拉动系统。准时制生产是实施一种连续性的流动生产方式，通过控制生产环节减少人员和时间的浪费。在接到订单之前，生产阶段的某些步骤不会开始，当上一步骤工作节点发出信号后触发下一个环节的操作，制造过程中的某些过程和步骤只有在工人收到特定信号时才会开始。这样可以防止工厂生产过剩，减少不必要的库存。通过查找节拍时间，可以知道生产每种产品需要的时间，从而最快地满足客户需求。第二个支柱"自动化"指在浪费更多资源之前，使用机器或设备提醒工人。TPS 主要侧重于建立一种文化，强调在问题出现时停下来解决问题，以便从一开始保障产品生产质量。TPS 的支柱建立在标准化工作和持续改进的基础上，达到以最低的成本为制造商生产高质量产品的目标。

沃尔沃自 1927 年成立以来始终坚持以人为本，在开发创新安全功能方面同样以安全为首位。1959 年，沃尔沃发明了汽车使用的三点式安全带并且放弃申请专利，为降低交通事故与风险发生率做了重要贡献。

在之后的许多年里，沃尔沃依旧在安全方面不断努力，通过一系列功能创新和设计操控预防事故发生。沃尔沃于 1964 年发明了第一款后向式儿童汽车安全座椅，来保护儿童的生命安全；1978 年发明了世界上第一个安全带定位助推器，让 4 岁以上的儿童可以面朝前乘车，进一步增加了安全性和舒适度；1991 年设计出了侧面撞击保护系统（SIPS）并在 1994 年推出了另一个世界第一：侧面碰撞安全气囊。2019 年，沃尔沃收集了自 1970 年以来的碰撞数据，包括超过 40 000 起事故和 70 000 人的数据，以更好地了解碰撞过程中发生的情况，并且通过 EVA（人人享有平等车辆）倡议，将安全研究结果公开发布在数字图书馆。2020年，沃尔沃将所有新车的最高时速降至180千米，通过更好地规范驾驶员行为帮助实现零交通死亡事故。

特斯拉是世界上较早的自动驾驶汽车生产商，2021年全球销量为93.6万辆，比上年增长87%，2021年底累计销量达230万辆。2021年10月，特斯拉市值达到1万亿美元，成为美国历史上第六家市值破1万亿美元的巨头企业。特斯拉应用全生命周期质量管控。从供应商端到零部件检验，再到制造过程，最后到顾客使用，管理人员会对每一辆车实施全生命周期的质量管控。

特斯拉《2021年影响力报告》的数据显示，2021年驾驶员使用自动驾驶技术时，每行驶100万英里[①]会发生0.22起撞车事故；对于没有使用自动驾驶技术的司机，每行驶100万英里有0.77起事故发生。特斯拉自2016年10月之后生产的车辆都配备了外部摄像头、额外的传感器和车载计算系统，以实现自动紧急制动、车道偏离警告、前方和侧面碰撞警告、障碍物感知加速、盲点警告等高级安全功能，并全部通过软件实时更新。

近些年，中国的汽车产业飞速发展，在不断创新的同时紧跟时代背景，以人为本，坚持可持续发展。2009年，中国首次成为世界汽车产销第一大国，并持续至今。《中国制造2025》提出将节能和新能源汽车作为重点发展领域，明确了"继续支持电动汽车、燃料电池汽车发展，掌握汽车低碳化、信息化、智能化核心技术，提升动力电池、驱动电机、高效内燃机、先进变速器、轻量化材料、智能控制等核心技术的工程化和产业化能力，形成从关键零部件到整车的完整工业体系和创新体系，推动自主品牌节能与新能源汽车与国际先进水平接轨"的发展战略，为

[①] 1英里≈1.609 344千米。

我国汽车产业发展指明了方向。

　　红旗是我国的民族品牌，它的成立标志着中国轿车发展史的开端。第一台红旗汽车诞生于 1958 年，自 1960 年开始，红旗注重生产质量，升级后的东风 CA72 定为国车。经过不断迭代更新，从最初学习国外车型和技术，到与奥迪合作共建，再到自主研发设计建造，红旗逐渐崛起，在 2004 年实现旗舰车型自主研发。近些年，红旗开始走向大众，不仅有商务车，而且有休闲运动风的越野车和跑车，能满足不同人的需求。红旗彰显着中国的制造业自信与文化自信，向世人展示了中国品牌的价值。

　　长城汽车成立于 1984 年，在发展过程中，长城汽车坚持创新。2021 年，长城汽车大力推进转型，挖掘增长潜力，秉持可持续发展理念，加速全球化智能科技公司的转型进程。以品类创新打造新时代"潮牌、潮品"，推动坦克品牌成立，开展沙龙汽车全球首秀，以标杆级的硬核实力打破大排量越野 SUV 的"进口垄断"。2022 年 1 月 26 日，国际权威品牌价值评估机构 Brand Finance 正式发布"2022 年全球品牌价值 500 强"榜单，长城汽车旗下哈弗品牌首次入选，以 61 亿美元的品牌价值排在第 372 位。长城汽车拥有自己的数字化工艺开发平台并荣获工业和信息化部"2021 年度智能制造优秀场景 – 离散型工艺数字化设计"称号。长城汽车在 2022 年 1 月 15 日正式发布首款智能车控手表 GWM-Watch，集运动健身、健康监测、车钥匙、控车、状态查询等功能于一体，实现了智能穿戴设备与汽车的生态交互。

　　2022 年 2 月 4 日，北京冬奥会开幕，816 辆氢能源汽车用于提供交通运输服务，并配备了 30 多个加氢站，这是全球规模最大的一次燃料电池汽车示范运营，中国氢燃料电池汽车的关键技术通过这次冬奥会取得突破性进展。《新能源汽车产业发展规划（2021—2035 年）》要求，到

2025年新能源汽车新车销量占汽车新车销售总量的20%。《2030年前碳达峰行动方案》还提出，到2030年，当年新增新能源、清洁能源动力的交通工具比例达到40%左右。中国新能源汽车发展已经迎来重要时刻。2022年4月26日，蔚来第20万台量产车正式下线，从第1台到第20万台，用时不到4年，刷新了高端新能源乘用车市场上的最快产销纪录。蔚来发明的换电技术取代了充电技术，一般电动车充电要几小时，应用换电技术仅仅需要4分钟即可，客户只需要将车开进换电站，全程自动化系统操作，十分安全高效。小鹏汽车是中国领先的智能电动汽车品牌，自2014年成立便在智能科技领域不断开拓发展，于2020年正式发布了NGP智能导航辅助驾驶、停车场记忆泊车、全场景语音等领先技术，并不断设计出符合客户需求的自动驾驶方案，实现更安全的智能交互协作。小米汽车通过收购自动驾驶技术公司深动科技，实现自动驾驶技术，实现车联网与家庭、办公互联，并组成专业的研发团队持续在自动驾驶、智能座舱等领域拓展研发核心技术。

据中国汽车工业协会发布的数据，2021年，我国汽车出口创历史新高，出口量达到201.5万辆，同比增长1倍，占汽车总销量的7.7%，占比提升3.7%，特别是新能源汽车出口高达31万辆。其中欧洲市场成为主要增量市场，上汽、长城汽车等在海外直接投资建厂，提升了中国汽车的国际竞争优势，同时支撑了中国品牌在海外落地生根，汽车产业与品牌故事的发展离不开技术的创新与品质的提升，这背后的力量来自质量管理的系统化升级改造。

2.4.2 航空业服务质量的底层逻辑——将心比心

满足顾客需求是企业质量管理的终极目标。如何有效地把握顾客需求，并为顾客量身打造符合需求的产品对制造业和服务业而言都是至关重要的，而服务业实现质量管理的过程尤为艰难。第一，服务产品是无形的，对于服务业来说，服务即产品，管理者需要从关注产品质量转换为关注服务质量；第二，服务业的评价体系以顾客满意度为主，其衡量标准和判断依据都需要重新定义；第三，服务的售后难以把控，产品质量可以通过售后服务进行优化和改进，但对于服务来说，顾客的不满意很难通过道歉和赔偿弥补；第四，服务业对人员和技术的要求高于制造业，每一位服务业人员需要经过严格的培训，其言行相比于制造业人员来说更加难以控制和评估。

因此，服务业的质量管理更加需要选择正确的质量管理方法和长期的管理标准。那么优秀的服务型企业是如何进行质量管理的呢？我们以国际知名的航空公司为例进行分析，这些航空公司早已形成完整的质量服务体系。

新加坡航空公司被誉为舒适与安全兼具的航空公司。新加坡航空公司成立于1972年，拥有"最年轻"的飞机群，飞机的平均机龄为6.6年。新加坡航空公司为乘客提供优质的服务，客舱的舒适度、娱乐设施与个性化的飞行体验，均是按照一流的标准执行。另外，新加坡航空公司设有专为解决航机餐点设计及质量问题的顾问团——新航国际烹饪顾问团，由七位来自世界各地的主厨组成，不断推陈出新，为乘客设计国际级的航机餐点。头等舱及商务舱乘客可以在出发前24小时享受"Book the Cook"服务，在指定餐牌内的20款菜式中定制个性化美食。新加坡航空公司举世闻名的优良标准为它赢得多个奖项，2021年入选《财富》杂志的50大全球最受赞赏的公司名录，在SimpliFlying和APEX开展的全球航空公司健康安全评估中获得最高钻石等级。

成立于 1955 年的德国汉莎航空公司，按照载客率和飞机规模来说是欧洲最大的航空公司，质量和创新、安全和可靠是汉莎航空公司的特色，曾获得"最佳欧洲航空公司""最佳商务舱"等荣誉。汉莎航空公司的目标客户是频繁出差的商务旅客，为这些客户提供了舒适的商务舱和头等舱。在保持严谨准时的同时，安全性和舒适度是汉莎航空公司客户服务的关注重点。每个季度，汉莎航空公司会对乘坐其他航空公司的旅客进行长达 30 分钟的访谈，从而理解客户需求并且时刻关注竞争对手，以提高自己的服务质量。

日本航空公司于 1953 年成立，是日本乃至整个亚洲规模最大的航空公司之一。2010 年，78 岁的稻盛和夫让濒临破产的日本航空公司在 14 个月内扭亏为盈，并让公司于 2012 年 9 月 19 日在东京证券交易所再次上市。稻盛和夫不仅通过降低人工支出、精减航线、改善飞行服务等一系列经营方法拯救了日本航空公司，更重要的是传授每一位员工他一直坚守的"敬天爱人"的理念，并贯穿到企业管理中，以企业宗旨和使命"管理人心"，从而实现管理再造、质量再造。

PART 2
第 2 篇

如何进行质量管理

CHAPTER 3 | 第 3 章

企业基业长青的底层逻辑——坚守与创新

基业长青是所有企业所追求的，然而真正的长寿企业却非常少。长寿企业多集中在日本和德国，它们普遍业务结构单一，坚持工匠精神与极致的质量管理。这些历经风雨留存的百年企业，能够带给消费者的不仅仅是产品的基本功能。然而，悖论无处不在，技术发展和社会变革的步伐越来越快，与时俱进也是优秀企业必须要做的，那么何时坚守，何处创新？这既考验企业战略，又是时代的命题。质量管理 U 形曲线，最大的特点就是在质量管理与财务绩效的逻辑关系中，加上了一个时间变量。如果企业追求短期利益，就不会在质量管理上做长期投入，企业基业长青就不会实现，因此企业要在投入与产出、质量与效益方面做好动态平衡。外部竞争也是推动企业发展的一个重要变量，企业最难突破的是自己的舒适区，几乎没有企业能够真正颠覆自己，越成功的企业，颠覆自己越难。

3.1　企业永续经营的困境

随着时代的进步，产业也在悄然发生转变，你可曾注意到在历史的长河里有多少职业消失了？又有多少新兴产业不断出现？这些成功的企业是如何基业长青的，那些曾经辉煌轰动全球的传奇企业又是怎样走向灭亡的？

企业从优秀到卓越，再从卓越到基业长青，其背后的逻辑是什么？通过案例研究和多年质量管理实践，我们提炼出企业长期高质量发展的内核，正是坚守与创新。

3.2　世界 500 强的兴衰更替——哪些行业屹立不倒

1995 年 8 月 7 日，《财富》杂志第一次发布涵盖工业企业和服务性企业的世界 500 强排行榜。2021 年是《财富》杂志连续第 27 次发布这份全球大企业排行榜。依据榜单的数据，人们可以了解全球大型企业的最新发展趋势。通过纵向不同年份和横向不同行业的比较，人们既可以了解企业的兴衰，也可以充分感知行业的更迭。根据 2003 年的《财富》世界 500 强榜单，上榜企业占比前十的行业按顺序分别是：银行（62 家）、保险（61 家）、食品与药品（37 家）、石油能源（36 家）、车辆与零部件制造（32 家）、电子通信（24 家）、消费品零售（23 家）、基础设施建设（21 家）、电气设备制造（18 家）、国际贸易（16 家）。而在 2021 年，上述行业占比大部分有所下降，并且涌现出许多新兴行业。2021 年的《财富》世界 500 强榜单的上榜企业占比前十的行业按顺序分别为：

保险（52家）、银行（49家）、食品与药品（35家）、车辆与零部件制造（33家）、石油能源（24家）、金属产品（22家）、国际贸易（18家）、电子通信（16家）、电气设备制造（16家）、航天航空（14家）。基础设施建设和消费品零售等基础性行业退出行业前十榜单，其中基础设施建设行业下降最多，降幅达到38.1%，并且，排名前十的行业中出现金属产品和航天航空两大行业。受新冠疫情影响，2003年上榜的7家航空公司在2021年均未上榜，但是航空航天产业仍然保有实力，冲进行业榜单前十。

2003～2021年，越来越多的企业不断涌入新兴高科技行业。其中，计算机软件与数据服务行业上榜企业由2003年的4家增加到2021年的14家；金属产品行业由2003年的8家增加到2021年的22家；化学品行业由2003年的6家增长到2021年的11家。

这些行业变化的趋势是什么？又有哪些行业是屹立不倒的呢？我们来分析一下行业变化的底层逻辑：首先，不管什么行业，根本上来说都是为人提供产品与服务的，衣、食、住、行每个人都需要，因此，过去几十年来屹立不倒的行业，一定是围绕这四个方面的，而这些行业中的翘楚，自然就成了全球的顶尖企业；同时，未来行业的变化趋势就是在不断提高科技水平的基础上，为人类提供更加舒服、更加方便的服务。

以科技巨头苹果公司为例，根据金十数据统计，截至2020年4月27日，苹果公司市值为12 381亿美元，略逊于阿里巴巴（5482亿美元）、腾讯（5087亿美元）、美团（749亿美元）、京东（662亿美元）、拼多多（593亿美元）五家中国头部企业市值的总和。截至2022年4月25日，苹果公司用两年的时间将市值提升到26 581亿美元，翻了一倍还多，而此时这五家头部企业的市值分别为：阿里巴巴（2356亿美元）、腾讯（4146亿美元）、美团（1059亿美元）、京东（972亿美元）、拼多多（446亿美元），其总和仅为8979亿美元，仅为同期苹果公司的34%。2022年1月4日，苹果公司凭借每股182.88美元的价格，一度市值突破了3万亿美元，并且长期稳定在2.5万亿美元以上。作为对比，全球经济总量第8的意大利，2021年GDP仅为2.1万亿美元，苹果公司用两年成为全球市值最高的公司，同时连续两年进入《财富》世界500强榜单前15名，凭借全球投资者的看好，苹果做到了真正的"富可敌国"。

根据2003年《财富》世界500强榜单，排名1~10位的企业分别是：沃尔玛、通用汽车、埃克森美孚、壳牌石油、英国石油、福特汽车、戴姆勒克莱斯勒、丰田汽车、通用电气、三菱商事。2003年前10的企业很好地代表了当时世界500强的行业分布格局，营销额最大的企业集中分布在汽车、电气、石油等以重工业为主的第二产业。这一现象在近年发生了巨大变化，2021年《财富》世界500强榜单前10分别为：沃尔玛、国家电网有限公司、亚马逊、中国石油天然气集团有限公司、中国石油化工集团有限公司、苹果公司、CVS Health公司、联合健康集团、丰田汽车公司、大众公司。不难看出，世界顶尖企业由集中于重工业转变为重工业与新兴产业几乎平分秋色的局面。全球涌现出以亚马逊为首的电子商务公司，以苹果公司为首的高科技公司和以CVS Health公司为首的医疗保健公司等一大批新兴产业的大企业，全球经济正在进行变革。

以中国为例，根据2021年的《财富》世界500强榜单，中国企业上榜143家，已经连续第三年成为上榜最多的国家。过去10年间，上榜的中国企业在食品饮料生产、消费品生产和采矿业等行业的数量都减少了10家以上，降幅均超过35%；电信及互联网企业数量迅速增加，增幅达到200%；电子设备制造业企业数量增加11家。总体来说，中国上榜企业的行业分布更加均衡，表现出由传统制造向先进制造和高端服务等产业转移和升级的态势。结合中国 500 强企业榜单，我们可以看出，近 10 年来中国企业的创新水平不断提升，产业布局持续优化，发展质量也在不断提高。2021 年，中国进入世界 500 强的企业总计研发投入规模达到 1.3 万亿元，拥有专利数量 145 万件，年平均专利增长率 66%，参与标准制定项数增加到 6.9 万项。

企业是社会经济的主体，世界五百强企业的兴衰和行业变迁，是我们了解世界经济大局的最好工具，能让我们更清楚地看到哪些行业在过去 20 年间屹立不倒。从《财富》世界 500 强榜单与福布斯排行榜中可以看到，从 2003～2021 年大型企业的转型升级，与以前的工业化经济不同，现在的企业更加注重科技创新，讲究专业化、信息化、精细化、标准化和智能化。屹立不倒的金融、能源和食品药品等行业也在不断注入新能量，以大数据、人工智能、云计算和区块链等技术为主的新一代信息技术，逐渐与各行各业的发展紧密结合。

3.3　坚守与创新

企业的坚守与创新是企业基业长青、长效发展的根本。任何企业想要获得长足的发展都离不开这两个要素，即企业的"变"与"不变"。

企业在创立之初自然离不开其核心目标和使命，也就是我们说的企业的核心价值观，它作为企业的灵魂让员工不忘初心、坚守本真，为利益之外的更高追求而存在。创始人应当为企业缔造一份经久不衰的使命和永恒不变的核心价值观，积极的核心价值观是一个企业能够常存于历史长河的原始动力。这份坚守不仅离不开管理者对于企业和个人的高标准和严要求，更离不开管理者经营管理过程中卓越的领导力和强烈的社会责任感。㊀我们会发现很多企业的产品和服务已经不单是为了追求短期的利益，更是为了实现社会价值与履行使命，因为有了这些卓越的产品和服务，人们的生活才能向更高品质提升，这个世界才会不断进步。

在探究无数历经磨炼的成功企业和百年品牌的过程中，我们发现创新是这些成功企业的共同模式。为了顺应社会经济发展，很多企业的战略都在不断改进，在保证企业核心价值观不变的情况下，不断完善企业的发展目标、发展方向、产品和服务类别、人员架构、业务形态，始终走在行业发展的浪尖。这些企业在不遗余力地创造价值的同时，也在不断提升自己的社会地位。核心价值观为企业的发展提供了基础，不断追求进步是企业能够缔造奇迹的动力。没有任何一家成功的企业是故步自封地停在原地的，不断进步，设立更高的目标，是这些成功企业的管理核心。

3.3.1 中国质量奇迹——哥德堡号商船的故事

乾隆八年（1743年），中国此时正处在康乾盛世，哥德堡号开始了它到中国广州的第三次远航，哥德堡号在广州停留5个月后返航，船上载有约700吨来自中国的货物，有丝绸、藤器、珍珠母、香料、铜和锌等。乾隆十年（1745年），哥德堡号从广州返回瑞典，其辉煌就定格在这一年。

时隔数年，哥德堡号官方发布消息计划重新起航，开启瑞典乃至整个欧洲与中国的商业、文化、科技更深层次的交流。哥德堡号将载着它

㊀ 这两项也是卓越绩效评价准则的基本理念之一，本书第7章为大家详细介绍企业如何实现卓越管理，完善企业的质量管理。

伟大的历史使命，打造海上贸易平台，为全球人类文明做出贡献。

据史料记载，中国古代航海事业形成于春秋战国时期，人们开辟了贯通太平洋西部与印度洋等的航线，"海上丝绸之路"给中西方的经济贸易提供了畅通的交流渠道，同时国际的巨大需求也推动了中国制造业的发展。

18世纪的中国商品为何如此出众，能够立足于全世界？

18世纪初，欧洲各国开始与中国、印度和土耳其贸易往来，此时世界多国处于文明与工业化的拐点。瑞典在这时候成立了东印度公司，在建造哥德堡号之后开启了对中国的贸易往来。从1731年到1813年公司解体，东印度公司对中国展开了82年、132航次的航行。瑞典从中国购入的货物主要是茶叶、香料、生丝、丝绸和瓷器等，其中茶叶所占比重最大，可谓满载而归。在哥德堡号沉没200年后，打捞上来的货物中光是茶叶就有300多吨，因为经过高密度压缩和密封包装，部分茶叶冲泡后竟然还能饮用。

据史料记载，清代较为成熟的官窑制度对陶瓷厂的组织管理起到了重要的作用。明清时期瓷器生产组织分为官窑和民窑。官窑的一大特点是必须按官方正式颁布的标准进行生产，包括特定的尺寸、样式、用途和采用的工艺等。官窑的组织管理模式也比较成熟，各部门分工清晰明确，对工匠的手工技艺要求很高。督陶官作为组织管理者，在设计、生产、进贡的整个过程中都起着至关重要的作用，这种制度推动了该产业的大规模发展。在康熙、雍正、乾隆时期，督陶官不仅施行卓有成效的组织管理方式，同时带领工匠从事瓷业生产艺术的研究工作，从而在当时生产出大量的优质瓷器。严格的官窑制度也带动了民窑的迅速扩张。可以看出，明清时期已经具备完整的"工厂生产"和"质量管理"生产管理模式，这种标准制度的设立不仅为产品质量提供了保障，同时也推动了中国海外贸易的迅速扩张。

世界各国的兴衰与产品质量息息相关，一个国家对于产品质量的重视程度也对质量的提升有着至关重要的作用。中国的瓷器和丝绸不但具有实用功能，而且代表了一种生活方式和对于高质量产品的追求。

中国古代政府在质量方面有严苛的管理制度，同时有专业的地方机构对产品质量的把控进行实时监督，并对不符合规定的产品和商家施以严厉的惩罚。这种完备的管理体系促成了中国高质量产品的远销海外并扬名至今。不少针对古代质量管理制度的研究报告显示，明清时期市场交易范围不断扩大，单靠政府已经不足以确保整个国家的产品质量，这也促使政府必须转变质量管理的方式，从行政式直接管理转向间接管理。如在一些大型城市，行会、商会等组织可参与质量管理，这些社会力量能够保障产品质量，弥补政府管理的空白，通过相互监督确保大家的共同利益不会受到损失，可以有效杜绝一些潜在的质量方面的违法行为，从而加强整个市场主体对产品质量的管理。除了严谨的管理制度，中国古代出口产品以手工制品为主，例如瓷器和丝绸重视工艺的传承，这也从某种程度上确保了产品质量维持在极高水准。

从满载中国高质量商品的哥德堡号诞生到新哥德堡号起航，中国产品的质量也有了很大改善。中国企业不仅要看到短期利益，更要放眼未来，人民生活品质的提升和国家的发展离不开每一个企业家的努力。哥德堡号的故事还将延续，它不仅见证了中国古代国力的强盛，也将向世界讲述中国质量的崛起故事，分享质量发展的历程。

3.3.2　缔造永恒的经典——徕卡相机

20 世纪初，一位天才的灵感加上另一位天才的智慧，创造了世界上第一台 35mm 相机。奥斯卡·巴纳克追求完美的敬业精神和恩斯特·徕兹勇于挑战风险的非凡勇气，创造了徕卡在相机界的神话。经过 100 多年的发展，徕卡相机已经成为全世界无数摄影家和收藏家的最爱，根据徕卡公布的 2021～2022 年的年度财报显示，徕卡相机实现了总计约 4.5 亿欧元的营业收入。另外，华为手机和小米手机先后使用了徕卡认证的摄像头，也让更多的人体会到了徕卡色彩的魅力。

徕卡非常重视技术的发展，拥有顶尖的技术工人，具有顶尖水平的光学设计能力，20 世纪开创 35mm 相机及镜头先河，在传统相机年代，徕卡在数码研发进程中实力强劲。徕卡在葡萄牙、德国、美国分别设有工厂，员工约 1300 人，秉承"手工制造"的生产理念。徕卡的昂贵价格使它成为相机中的奢侈品，因此尽管徕卡的生产量较小，徕卡的生产能力十分适应其生产量及产品品质的要求。徕卡成功包装了自己的品牌，把一些传奇人物的名字，包括布列松、艾略特·厄威特、罗伯特·卡帕，甚至是英国女王，还有一些用徕卡相机拍摄的经典照片，都与今天的徕卡品牌联结起来，营造出了一种徕卡氛围，不少摄影师都渴望拥有徕卡相机并且加入其中。

除了一些摄影作品，徕卡的镜头也经常用于电影拍摄，最经典的莫过于第 87 届奥斯卡最佳影片《鸟人》，而这部电影拍摄过程中全程都使用了徕卡 Summilux-C 电影镜头。自相机诞生以来，在相机发展史上能称得上著名品牌的可能有不少，但能做到"购买相机对于用户来说不仅仅是选择一部相机，更是选择一种生活方式"的品牌可谓少之又少，而徕卡就是这样的一个品牌。随着数码相机技术突飞猛进地发展，靠着精益求精、一丝不苟的精神，徕卡相机一直领先于世界。

德国光学工业也曾遇到过重大打击。1945 年德国战败，德国所有的工业专利开放。日本企业马上开始仿造徕卡相机；英国企业直接拿徕卡的图纸进行生产；法国企业直接组装徕卡的零件。当时的徕卡工厂设备损坏，产品被大面积仿制，经营状况极差，但徕卡坚持创新、研发，1954年推出全新的插刀式卡口M3，重新以技术优势站在了旁轴相机制造的顶峰。之后，徕卡相继推出多款经典相机，都是在M3的设计理念基础上改进而来的。M3的出现也奠定了徕卡在连动测距相机中不可动摇的地位。M3超越了徕卡原本的螺口相机设计，更完美、更精密，在机械和光学性能各方面都有重大改进。M3大大提高了更换镜头的速度，使得摄影师可以更大程度地提高拍摄速度，进一步降低了镜头螺口的损坏率。同时M3只用一个旋钮控制快门速度的设计理念被不少机械相机制造商认可并且沿用，成为徕卡机械相机的一大特色。M3之后，徕卡M系列的发展使得徕卡旁轴技术登峰造极，极大地影响了世界相机工业的发展，因此M3被公认为相机技术发展史上的又一个里程碑。[一]

德国工业体系如此发达，很大程度是因为德国的工程师水平。徕卡总裁Markus Lusser说：我们的工人都是学徒出身，最快的也用了18年才能成为合格的总装技师。德国工人值得信赖的重要原因是德国拥有一个严谨的工人培训体制。在德国，工程师学校、职业学校是技术培训的重要组成部分，培养出来的工程师、技术工人是德国工业的基石。一个工厂里并不需要那么多博士，技术工人才是关键。自成一派的德国职业教育体系培养出的既有手艺又有知识的高水平技师，是德国相机工业"神话"的源泉。

2016年6月，国内知名通信巨头华为与德国相机巨头徕卡共同宣布互为战略合作伙伴。徕卡拥有世界一流的光学技术和机械制造技术，悠

[一] 吕莱. 光阴的记录者[J]. 国际市场，2010(4):9,52-53.

久的历史品牌及文化，可以为消费者制造优良的、质量顶尖的、独一无二的摄影器材。华为是优秀的国产智能手机生产厂商，并且曾一跃成为全球第二大手机品牌，双方的合作是如何促成的？它们的合作是"三分钟热度"的营销策略，还是改变国产智能手机光学质量的勇敢尝试？徕卡前全球首席执行官奥利弗·卡尼尔(Oliver Kaltner)与华为高层余承东进行了解答。余承东认为，智能手机为人们的生活带来了巨大的便利，人们的生活离不开手机，而智能手机也可以作为一个很好的摄影工具，因此，华为一直在想办法把智能手机的拍摄功能提升到单反相机的水平。徕卡在数码处理技术和光学性能方面非常优秀，将徕卡这些技术与华为的技术结合起来，就能实现质的飞跃。

结构合理、做工精良、质量可靠是徕卡相机雄踞世界相机王国宝座的重要保证。近几年，德国的"工匠精神"频繁被提到，德国工业4.0的风潮席卷全球，我们可以从徕卡相机身上找到德国人的执着精神和对产品精度的无限追求。直到现在，全世界仅有徕卡依然用人工研磨的方式生产镜头，徕卡相机的顶盖也是由一整块铝合金削切而成的，精细的做工和极低的产量直接推高了徕卡相机的售价。然而，仿造品虽然在质量上无法与徕卡相机正品相比，但短时间内凭借极度相似的外形和低廉的价格，迅速在相机领域抢占到了市场。尽管面临困境，徕卡仍然初心不改，凭借着深厚的工业底蕴，延续着高品质、高精度和高售价。

徕卡相机的诞生，使相机设计向更小、更精密发展。徕卡相机在工艺方面表现出的美学价值，形成了徕卡产品深厚的文化内涵。

严苛的工艺标准和极简实用的品牌内核让徕卡长盛不衰，徕卡相机固然昂贵，但是从某种意义上来说，它和机械表一样是工艺品，是一种时间的艺术，是工匠花费了时间及心血打磨出来的，是顶级工程师与设计师制造的宝贝。在原有品牌质量与竞争力的基础上，徕卡推出的相机一代比一代更具品牌价值，不与任何品牌相机雷同，不追随任何品牌相机的制造及更新模式，有独属的品牌特性。也正是因为如此，徕卡才具有了有别于其他品牌的品质及意义。㊀

3.3.3　集中力量与文化传承——茶叶的高质量发展

集中力量是获得成功的重要因素，如前文提到的跨界合作，是两个或更多品牌文化的相互融合，而产业集群则是从社会发展的角度扩大产业规模，不断促进产业升级，集中力量，抱团出击，以可持续发展的远景目标促进整个行业的长期发展。

茶叶的高质量发展离不开产业集群的力量，中国茶叶享誉全球，是什么造就了茶叶的品质？不同时期的茶文化是什么样的？茶叶高质量发展的底层逻辑是什么？

中国饮茶的历史源远流长，无论是茶叶的悠久历史，饮茶文化的多元深厚，还是茶叶产业的发展规模，在全人类历史发展中都占据领先地位。茶树的生长条件决定了茶叶的品质。想要知道一款茶叶的好坏，最直接有效的方式就是去了解它所属的茶园。茶树的地域环境对于茶叶的生长非常重要。拥有好的生长环境，减少空气的污染，确保良性的生态链，是茶叶优质成长的必要条件。

据统计，2021 年，我国 18 个主要产茶省（自治区、直辖市）的茶园总面积为 4896.09 万亩，同比增加 148.40 万亩，增幅 3.13%。这些地区都具有良好的降水和光照，土壤养分适宜茶树生长，在确保茶园地理环

㊀ 佚名. 徕卡：机械时代的传奇 [J]. 中国商界，2017(10):114-117.

境优越的基础上，我国也出台了一系列政策措施确保茶树的质量，严格规范茶树种植过程中的各项标准。

2021年，农业农村部、国家市场监督管理总局、中华全国供销合作总社正式出台《关于促进茶产业健康发展的指导意见》，对茶产业进行优化布局，调整目前四大优势区域。同时，要求各茶园严格控制化肥、农药使用量，持续改善茶叶主产区的生态环境，确保茶叶的质量。以做好"茶文化、茶产业、茶科技"为指导，各地不断拓展茶产业功能，不断扩展产业链。全国茶叶生产形势稳定向好，近几年无论是出口额还是国内销售额都没有受到太大的天气和环境影响，但生产成本有所提高，主要是因为人工成本的攀升导致，这时引入数字化机械设备结合人工采摘不仅能提高效率，还能建立更加完善的溯源体系。茶叶的追溯系统将茶叶从种植阶段、加工阶段、仓储阶段、产品检测至销售阶段都添加了可追溯性标识，并且全程记录，这不仅能够提高茶园的质量管理水平，还能建立茶园的品牌效应。茶叶也不仅仅通过产地命名，如"西湖龙井""洞庭碧螺春""云南普洱茶""信阳毛尖""凤凰单丛""福建铁观音"，将来会如葡萄酒的酒庄一样，生成认可标识，创立茶园品牌，打造每款茶的独特性，在国际上弘扬"中国茶"文化，将"中国茶"品牌推向全世界。

我们知道龙井茶，却很少有人知道龙井茶名字的由来。龙井村位于杭州市西湖区群山环绕间，到现在已有400多年历史，这里的高山茶园有800亩，狮峰山下的18棵御茶树更是由乾隆亲封。清明前采摘的称为明前茶，这类茶叶因为稀少，价格非常高昂。每款茶叶都应该打造品牌特性，从而确立其独特性和稀缺性。中国不缺悠久的历史文化，缺少的是正规的溯源体系与可视化的数字化系统加持，当我们合理利用这些途径时，可将茶叶背后的故事一一展现在消费者面前，"中国茶"的品牌也将长盛不衰。

  提到进口茶,不得不提到全球最大的茶叶品牌立顿。立顿是由汤姆斯·立顿于1890年在英国创立的品牌,并以"从茶园直接进入茶壶的好茶"为口号,以"光明、活力和自然美好的乐趣"为品牌宗旨,将当时昂贵的锡兰红茶引入大众的日常生活中。1992年立顿进入中国,并且在之后的5年里取得中国市场茶包销售额第一、市场占有率第一的成绩。立顿能取得这样的成绩离不开它的坚守与创新,从最初的品牌宗旨到现在的每一步发展都离不开高标准、高质量的严格管理。立顿在斯里兰卡拥有自己的种植园,仅使用从茶树顶端采摘的茶叶,以保障生产出最鲜嫩、口感最佳、品质最优的茶叶,这种高标准的要求确保了茶叶的高质量水平。在立顿发展的百年历史中,我们可以看到它在不断提升制茶工艺、茶包品质,丰富茶叶的种类和口味。立顿拥有专业的茶叶研究所,由来自世界各地的茶叶专家和技术人员组成,他们助力企业加强茶叶的品质管理,不断完善茶叶的种类,以确保调配出来的茶包达到既定的质量标准。

  据统计,目前我国已发布茶叶国家标准147项,其中产品标准数量居首,约占44%;方法标准约占26%;食品安全标准约占14%;基础标准以行业通用基础内容为主,约占9%;技术规范标准覆盖了茶叶种植、生产、加工等环节,约占总数的5%;其他类标准约占2%。

  目前,我国茶叶行业标准已发布168项,包括机械行业标准、商业行业标准、农业行业标准、轻工行业标准、商检行业标准以及供销合作行业标准,分别由商务部、工业和信息化部、中华全国供销合作总社等单位依据工作领域及市场实际需要制定并发布。

  随着近几年国家茶叶标准化工作的持续推进,各地方茶产业的标准化水平显著提升。目前，已发布实施的茶叶地方标准共计 400 余项，围绕各地方茶叶品种从种植、加工、包装、检验、冲泡、质量管理等各方面建立了标准，指导并引领各地茶产业发展。

中国茶叶的产品质量一直保持平稳，2021 年我国茶叶及相关制品监督抽检合格率再超 99%，与上年相比不合格率有所降低。近年来，我国政府出台了一系列政策支持和鼓励茶产业发展，确保茶叶质量的提升。追溯系统就是采用数字化系统平台，进行实时跟踪，通过数据收集和管理，确保茶叶从种植到销售阶段的透明度，完善茶叶市场的监督制度。2021 年 2 月农业农村部发布的《农业农村部关于落实好党中央、国务院 2021 年农业农村重点工作部署的实施意见》中指出要加强农产品流通体系建设，全面实施农产品仓储保鲜冷链物流设施建设工程，加大蔬菜、水果、茶叶、中药材等鲜活农产品仓储保鲜补贴力度，建设一批田头小型仓储保鲜冷链设施，鼓励有条件的地方建设产地低温直销配送中心。

茶叶的质量发展不仅在于种植、生产、运输、销售过程中的管理，更重要的是建立品牌的长效影响力。中国茶叶拥有世界上最悠久的历史和最深远的文化背景，中国茶品牌应持续强化特有的历史地位。饮茶不只是每个人简单的生活方式，更是一种文化艺术的传承。发展茶产业、弘扬茶文化、塑造茶品牌，是促进中国茶叶高质量发展的必经之路。

3.3.4 配套的管理体系——百年牛肉面在兰州

兰州牛肉面素有"兰州名片"的美称，兰州牛肉面不仅是三大中式快餐之一，其制作技艺还入选了兰州市非物质文化遗产保护名录。兰州牛肉面凭借鲜香的风味和舒爽的口感风靡全国，几乎国内所有的城市都有卖兰州牛肉面的店铺，是什么使得兰州牛肉面的市场如此庞大？

兰州牛肉面之所以风靡全国，主要有三个原因：得天独厚的地理条件，逐渐规范的行业标准，中式面食文化与西式快餐文化的完美融合。

从自然方面来说，兰州牛肉面的风靡离不开兰州市得天独厚的地理条件，兰州市气候干爽宜人，地处富饶的关中平原，是中华民族开发较早的农耕区，有着悠久的农耕文化，最关键的是，兰州处于农牧业地区和畜牧业地区的交界，牛肉与面食的碰撞，诞生了味美鲜香的兰州牛肉面。

自古以来，中华美食讲究色香味俱全，首要标准为"至味"，同时要兼顾"色、香、形"。兰州牛肉面素有"一清二白三红四绿五黄"五大标准，选料挑剔、做工精细、程序复杂。兰州大学做过一项统计，从搓面到丢入锅中、出锅、加调料和肉、端出，所有工序加起来在2分钟内，一个熟练的拉面师傅每分钟可以做6~7份面，为了做出一碗味美鲜香的兰州牛肉面，至少需要完成一百道工序，面粉的加工和牛肉汤的制作尤为复杂，表3-1是兰州牛肉面制作的主要流程。

表 3-1 兰州牛肉面制作的主要流程

主要流程	具体步骤
选料	"甘南的牦牛永登的面，皋兰的蓬灰甘谷的线（椒）"
拉面	和面→饧面→加拉面剂搋面→溜条→下剂→拉面→煮面
牛肉汤制作	选料→浸泡→煮制→撇去浮沫→下调料煮制→捞出牛肉并加工→吊汤→调味→完成
其他佐料加工	辣椒油制作，萝卜片、蒜苗、香菜的加工
成品制作	一清（汤清）二白（萝卜白）三红（辣椒油红）四绿（蒜苗、香菜绿）五黄（拉面微黄）

这些工序看似简单，没有准入门槛，但实际上兰州牛肉面的制作有着严格的质量标准，如果不符合标准，外形上或许不会看出差异，但口感上则千差万别。此外，兰州牛肉面对于面条也有严格的粗细标准，分

为毛细、二细、三细、二柱子、荞麦棱、韭叶、大宽、皮带宽等。

为了促进兰州牛肉面更好地发展，2003年，在兰州市政府、市商贸委的直接领导下，兰州牛肉拉面行业协会成立。2018年，官方认证服务平台正式上线，结合大数据和"互联网+"，兰州建成了兰州牛肉拉面大数据中心，消费者可通过扫描二维码的方式，验证碗里的面是否正宗。

在经过了反复论证和对30余户企业的60次取样调查后，兰州牛肉拉面协会于2018年制定并发布了《兰州牛肉拉面行业规范标准》，作为行业标准试行。这项标准在店面布局、产品质量、店内服务、食品卫生等方面提出了具体要求。在选址方面，要求店面总经营面积不得少于120平方米，操作间面积不得低于总经营面积的30%。店面选址时操作间必须明亮通风，上下水通畅，有排烟排气条件。因此，每家兰州牛肉面的厨房几乎都是开放式的，师傅们在里面拉面，而顾客们则可以在厨房窗口观看到一场"拉面盛宴"。此外，店面选址时店内必须符合国家规定，拥有水、电、天然气等环保设施。店面要求证照齐全，店面兰州牛肉拉面标识必须醒目，除兰州本地以外均应在店名后注明兰州牛肉拉面的字样以及专属品牌标识。在服务标准方面，此标准规范了前后堂员工应统一着装，穿着代表企业形象的工服，维护和树立好本企业的整体形象等内容。在操作要求方面，此标准对兰州牛肉面的原料和配料使用也提出了具体的要求，要求原汤和水的比例不得大于1∶2。牛肉的理化指标应符合GB 2723—1981以及GB 2708—1994中规定指标的一级鲜度标准。

此外，兰州牛肉拉面行业协会在2019年通过了一项"红黑榜"行业监管要求，将严格准入监管，形成退出机制，维护良好的市场秩序。协会要求申请设立的企业严格按照规定审核，无证照企业坚决依法取缔。对原辅材料的采购、加工、店堂卫生等环节实施严格的检查制度，违反相关规定的依法依规严肃处理。尤其加强对商标使用的管理，实行举报奖励制度，违反规定的企业一经发现立即取消资质。

在严格的准入机制和市场监管下，兰州牛肉面整个行业更加规范，产业体系更加完善，顾客也体验到了更好的服务，品尝到了更美味的拉面。现在，兰州牛肉面继续向前发展，规模进一步扩大，你甚至可以在京东、天猫买到一份正宗的速食兰州牛肉面，在家就可以享受美味。

兰州牛肉面能取得今天的成绩，离不开其严格的行业标准和质量管理，一碗面从原材料加工、生产过程、烹饪手法，到最后端上客户餐桌经历了无数道工序，每一道工序都有其严格的标准，并有专业的机构进行监督管理。为了保持竞争力，兰州牛肉面也需要一大批专业化从业人员，维持兰州牛肉面的高品质，很多传统小吃由盛转衰，最主要的问题就是后继无人，缺乏优秀的传承人。只有在实现产业标准化、人才专业化后，兰州牛肉面才能行稳致远。

3.3.5　极致的工匠精神——瑞士手表，与时间同在

20 世纪是一个充满变革的时代，人们的兴趣不断转移，对一些传承数世纪的手工技艺的需求不断减弱，甚至有些珍贵的经验与技艺濒临消失。作为世界手表王国，瑞士早在 1886 年就联合日内瓦政府制定了腕表监控机制《日内瓦法则》，该法则中有一枚经过缜密设计的标识，标识由一个线条勾勒的盾牌被从中一分为二，左侧绘有雄鹰，右侧为"天堂钥匙"，该标识设立最初的目的，是用来保障手表的原料质量和工匠技艺的。自《日内瓦法则》制定以来，瑞士与日内瓦政府不断修订，据统计，

每年约有2000万枚腕表从瑞士生产并销往全球各地，而只有约24 000枚腕表可以获得"日内瓦印记"，悬殊的数字对比证明只有极少数顶级制表品牌出产的作品能够获得这一印记，也代表带有印记的腕表最终售价将高于同类产品，并具有更高的收藏价值。在获得日内瓦印记的品牌中，每年生产约4000枚腕表的罗杰杜彼（Roger Dubuis），是当今唯一全线腕表都刻有这一认证标记的品牌。《日内瓦法则》以严苛的条款捍卫着瑞士制表行业的传统与数百年来的技艺传承，对瑞士的制表行业有着不可磨灭的贡献。⊖

在提到日内瓦印记时，还有一个品牌不得不说，就是百余年里全部机芯都镌刻了日内瓦印记的百达翡丽。

在世界品牌实验室发布的2020年世界品牌500强中，百达翡丽作为独立制表品牌排名208位。2021年，在胡润研究院发布的《2021胡润至尚优品——中国千万富豪品牌倾向报告》中，百达翡丽排在中国高净值人群最青睐的手表品牌第一位。百达翡丽作为制造出世界上第一只手表的品牌，现在已经发展成为全球独立制表第二大品牌，仅次于久负盛誉的腕表之王劳力士。百达翡丽有今天的成就，离不开几代掌舵人的匠心传承。百达翡丽现任总裁泰瑞·斯登的祖父，百达翡丽前总裁亨利·斯登，在20世纪40年代就意识到了制表这一传统工艺日渐衰微的迹象，并开始积极收集并保护这些无可替代的珍稀工艺杰作。他一直坚持生产需要大量雕刻工作和珐琅装饰的钟表，尽管这些珍贵的杰作往往需要很多年才能找到合适的买主，甚至最终只能纳入他自己的收藏。因为他深知，若不经常使用这些传统手工艺人的技艺将会逐渐生疏，乃至遗忘。

⊖ 冷尘羽. 日内瓦印记：瑞士制表传统与传承的捍卫[J]. 宁波经济（财经视点），2020(1)：42-43.

到了 20 世纪 50 年代，他的儿子菲力继承了他的热情，1993 年菲力执掌百达翡丽之后，加倍专注地投入到保护和应用濒危珍稀工艺的工作中。百达翡丽现任总裁，菲力之子泰瑞·斯登在幼年时就对这些独特工艺十分着迷。因此，数十年来，历经三代人的共同努力，一个非凡的系列已经逐渐形成。2001 年以来，该系列开始在日内瓦的百达翡丽博物馆向公众展出。不胜枚举的杰作向世人展现了百达翡丽惊人的创造力与工艺大师的超凡技艺。百达翡丽工坊打造的作品中，每年都包含 40 多件由最具天赋的艺术大师精心处理的装饰。

百达翡丽高举家族企业的大旗，继承传统制表工艺和品牌文化的同时，与时俱进，以创新技术为主导，坚守在瑞士高级制表品牌的金字塔尖之上。陀飞轮技术称得上是衡量一个手表品牌实力的最高标准，它代表了机械表制造工艺的最高水平，作为腕表行业的顶尖品牌，百达翡丽是唯二获得瑞士天文台官方认证的掌握顶尖陀飞轮技术的腕表品牌。

三代人辛苦耕耘 80 多年，历经沧桑，经久不衰，数十年如一日秉承精益求精的信条从无丝毫懈怠。百达翡丽被业界奉为传承高级制表技艺并持续创新的"蓝血贵族"，它对功能和外观美学的追求几近至臻，颇受消费者的喜爱，被消费市场和钟表收藏界誉为十大国际名表之一。百达翡丽常规生产的手表超过 200 款，均使用百达翡丽自主研发制造的机芯。百达翡丽在制作的各个环节均采用了严格的品质标准，同时花费数月时间确保手表品质达到水准，这令每款百达翡丽都能成为行家眼中珍贵稀有的工艺杰作。

2009 年，百达翡丽在摒弃日内瓦印记后随即推出了自家的"百达翡丽印记"，这套新的标准显然比当时的日内瓦印记要求更高，因为它在《日内瓦法则》的基础上又增加了精准度和美学的具体要求。

正当人们推测这一事件是否会对日内瓦印记造成重大打击时，颁发日内瓦印记的官方机构宣布出台了相关的新标准。看得出来，日内瓦印记新标准的制定，借鉴了百达翡丽印记的标准。从这个意义上说，百达翡丽印记并没有对日内瓦印记构成打击，它的发布反而对日内瓦印记的改革和发展起到了积极的推动作用。现行的日内瓦印记新标准于2012年颁布，在新标准中，认证范围不仅仅局限于机芯，还包括表壳和表冠在内的整只手表。除了上述检测范围的扩大，手表最终运行的准确性也作为明确的检测指标，首次列入了标准。日内瓦印记新标准第八条中，明确规定了关于手表走时精准度的要求：每只手表都要在正常佩戴情况下经过7天测试，最大误差不超过1分钟。如果这只手表还有别的附加功能，那么这些功能不能对手表的准确性产生不利影响。将手表走时精准度作为正式的审核指标纳入日内瓦印记的标准体系，体现了日内瓦印记的进一步完善，也更加符合当代制表行业的发展情况。

第 4 章 | CHAPTER 4

质量管理方法

工欲善其事，必先利其器。本章将系统地介绍主要质量管理方法的发展历史、质量管理理论和实践案例，从国家、行业、地区、企业等不同主体角度，剖析质量治理机制、质量管理标准和体系建设。这些是质量管理的重要内容。比如"德国制造"曾经是假冒伪劣的代名词，我系统地研究了德国于 1887 ～ 1914 年在质量政策、技术标准以及检验检测和认证方面所做的大量工作，也看清了一个国家通过实施国家质量基础设施，推进质量管理方法的创新，实现高质量发展的过程。质量管理方法是质量管理 U 形曲线的重要变量，随着技术发展，德国提出了工业 4.0 的概念，技术体系和管理方法进一步创新。从产品改进、迭代到产业创新，无论怎样演变，质量管理的底层逻辑是不变的，就是通过良好的生产设备和环境，创新质量方法，为消费者和用户提供高质量的产品和服务。

4.1 国家质量基础设施

4.1.1 国家质量基础设施的演变

提到质量就不得不提起标准、计量、检验检测、认证等，无论哪个行业与领域，在质量上采用国际通用的标准，才能在国际市场竞争中占有一席之地，标准、计量、检验检测等已经成为国际通用的保证质量的基础。近代工业标准化始于18世纪60年代在英国出现的第一次工业革命，大机器工业生产方式促使标准化发展成为有明确目标和有系统组织的社会性活动。1798年，美国的伊莱·惠特尼发明了工序生产方法，并设计了专用机床和工装用以保证加工零件的精度，首创了生产分工专业化、产品零件标准化的生产方式，惠特尼因此被誉为"标准化之父"。随着经济全球化的发展，标准也从单一的产品拓展到了管理层面并走向国际，标准成为一个区域乃至国际上的通用语言，很多国家纷纷开展标准化活动。而起源于英国的近代认证制度，成为标准化活动的检验手段。1903年出现了第一个被认证的产品钢轨，使用的第一个认证标志是"风筝"，这开创了国家认证制度的先河。此后，各国开始了在政府领导下开展认证工作的规范性活动，认证制度日益成熟。

20世纪80年代后期，随着质量管理理论的发展，TQM出现并在日本的重新崛起中扮演了重要角色，日本的产品质量得到了极大提升并在较短的时间内成为全球范围内的质量强国。学者和研究人员采用定量实证研究检验质量管理理论的正确性，并将质量管理理论系统化和标准化。国际化标准组织提出的ISO 9000族标准是现代质量管理的规范化、系列化、科学化和国际化范本，标志着现代质量管理的深入与发展，已被许多国家采用，许多国家由此开展了大量的认证活动。

2005年，联合国贸易和发展会议（UNCTAD）与世界贸易组织（WTO）共同并首次提出国家质量基础设施（National Quality Infrastructure，NQI）。2006年，联合国工业发展组织（UNIDO）和国际标准化组织（ISO）在总结质量领域100多年实践经验的基础上，指出计量、标准、合格评定（包括检验检测、认证认可）是未来世界经济可持续发展的三大支柱，是政府和企业提高生产力、维护生命健康、保护消费者权利、保护环境、维护安全和提高质量的重要技术手段，能够有效支撑社会福利、国际贸易和可持续发展。NQI各组成要素均强调以质量为核心，以技术为主线。其中计量是标准和合格评定的基准，标准是检验检测和认证认可的基本依据，认证认可作为评价手段建立对质量的信任，对计量校准具有能力验证和保持的作用，检验检测为认证提供基础技术支撑，衡量质量水平。[注]计量是控制质量的基础，标准引领质量提升，合格评定控制质量并建立质量信任，三者形成完整的技术链条，相互作用、相互促进，共同支撑质量的发展。

NQI是一个国家建立和执行计量、标准、合格评定等所需的质量体制框架，以保障市场上的产品、服务满足制造商、监管者的技术要求和消费者的实际需求，是保障一个国家质量发展的基础设施。

4.1.2 国家质量基础设施实践案例

奥地利环境部为了解决建筑能耗过高的问题，于2010年发布了针对降低建筑能耗的法案，并专门组织认证机构、协会、企业共同制定了建

注 张立芬，楼莉，王志民. NQI集成服务数据质量评价关键技术研究：以检验检测类基础数据为例[J]. 中国标准化，2018(19):58-63.

筑能源管理认证标准。这项标准对建筑的能源管理进行评价打分，总分1000分，只有达到600分的建筑才能通过认证，如果达到900分则可以获得能源管理金级认证证书。奥地利政府规定，所有的建筑必须进行能耗评估与认证，从2010年开始，没有通过认证的建筑，无论住宅还是商业建筑，都不能上市交易或者租赁。在市场机制作用下，达到金级认证的建筑，无论租赁和销售的价格，还是资产的增值，都远远超过普通建筑。标准实施后，大部分建筑能耗都降低了很多。

事实上，很多地方的改进都可以降低建筑的能耗。比如建筑最大的能耗点就是窗户，外墙的保温已经做得很好，但是很多窗户还是单层玻璃，窗框密封也做得不好，可以从窗户入手降低能耗。奥地利不断提升降低建筑能耗的水平，它已经把节能环保做成了一个新的经济增长点。奥地利环境部运用NQI的手段，只是出台了法案和标准，让认证行业去落实这件事，从而推动了一个国家的建筑节能工作。

质量对于提升企业、区域乃至国际竞争力都是非常关键的因素，通常人们由于优良的质量对产品留下了印象，形成了特有的记忆、符号，久而久之形成品牌效益，只要提起品牌，就知道其产品。好的质量是品牌的支撑，是品牌的生命，是企业树立品牌的前提，良好的品牌依赖产品的高质量，没有优质的产品难以树立好的品牌形象，否则即使品牌形象树立起来了，也只是昙花一现。品牌是质量的价值体现，是质量的内涵升华，是企业的生命。企业投入资源，通过设计开发、生产制造和营销服务全过程为产品赋予价值。

在质量管理工作中，产生了许许多多的质量品牌，这些品牌往往耳熟能详，令人印象深刻，拥有更多的消费者和更大的市场，无形中增强了企业的竞争力。

4.2 企业质量管理的理论与实践

4.2.1 企业质量管理在整体企业管理中的地位和作用

明确质量工作在全局工作中的地位对于发挥质量管理的作用至关重要。质量是品牌的核心要素，品牌又决定了消费者的选择和产品的定价。质量的好坏几乎决定了企业的生死。

从外部性来看，质量管理的作用主要有两个方面：一是底线保障作用，就是保障企业的产品质量以及服务质量不出问题，否则可能危及消费者安全，企业存在倒闭的风险；二是创新引领作用，可以理解为一个企业的产品或者服务给消费者创造了差异化的价值，是稀缺的，也是高品质，这些能够促使企业成为行业的领导者。比如建筑企业获得鲁班奖，或者业主对质量和服务非常满意，为企业带来持续的订单。

从内部性来看，质量管理可以表现在质量方针、质量文化中，也可以表述为企业文化中与质量相关的部分，因为质量管理的外部性，导致企业必须在内部达到外部的要求。质量管理也可以通过在企业的组织机构设置以及流程性标准和要求中质量所占的权重衡量。简单来说，即质量部门的重要程度。有些蓬勃发展的企业，产品质量和服务好，质量部门的重要程度就非常明显，体现在人员编制、人员晋升、部门权力等方面。也有些企业质量部门基本被边缘化，可有可无，甚至在年度报告中都所提甚少。似乎大家都认为质量不重要，市场和生产更重要，这种想法的错误之处在于没有将质量与企业其他方面放在一个维度上去比较。

4.2.2 企业质量管理模式的特点

质量管理模式，是根据企业生产组织方式所确立的质量管理架构和控制方式，这并没有严格的学术表述，但是会受到如精益制造、零缺陷等不同的质量控制方法的影响。建筑业的特点决定了产品的单件性，本质上还是制造业范畴。与其他传统制造业不同，建筑业一是复杂协同，参与方多，标准化程度低；二是手工作业量大，质量难以控制。

建筑施工企业，特别是大型建筑施工企业，管理层级多，大多数有项目部、分公司（区域公司）、总部三个层次，有的是两个层次，只有总部和项目部。质量管理为建筑施工企业带来了诸多变化和好处，它明确了总体架构和层级是纵向结构，决定了产品实现全过程。建筑施工企业通过对影响质量的节点采取风险控制措施，如策划和验收、材料和工序的检验，在发现产品不合格时能够停止生产，或者有足够的能力保证不出现不合格的情况。

我在中建一局集团建设发展有限公司（简称中建一局）担任副总工程师和质量部经理期间，我们研究的质量管理方法——"精品工程生产线"，获得了中国质量奖。这个模式将质量管理细化为"目标管理、精品策划、过程控制、阶段考核、持续改进"。此模式的确立，基本上明确了质量管理在整个公司管理中的地位，更重要的是明确了质量部门如何做，别人如何配合，具体到每个部门的职能要求、流程及标准。

我们经常遇到的问题在于总部、分公司、项目部的质量管理不能清晰地分工，质量管理模式就是帮助它们解决分工问题。例如，总部最重要的就是要管目标，分公司要管策划，项目部要进行过程的实施和管控。

4.2.3　企业如何做好质量管理

企业如何做好质量管理工作？我研究了经济发展、企业竞争力和企业管理维度，发现经济学是从哲学里分离出来的。管理学是比较新的一个学科,是从经济学里分离出来的。从企业的角度来看,企业需要把质量提升到一个更高的高度。

现在国家层面已经把质量提升到战略高度了,但是企业是否也能把质量提升到战略高度?我们站在更广泛的角度,从研究者的视角来看,企业是不是把质量作为最重要的管理内容,首先看企业有没有把质量写进企业文化里,管理制度中是不是写了质量。先有"形"再有"神",质量文化的养成需要企业家将其上升到企业长期生存和发展的角度,才能真正把质量文化打造得比较好。

日本企业的企业文化里基本上都有与质量相关的内容,这成就了"匠人精神"。企业如果想提升质量,那么必须将它融入企业文化,加强质量理念对全员的渗透,促进质量文化的建立。

(1)质量管理模式。

质量管理的模式可以理解为企业运行的组织架构对质量的运作机制,包括质量的考核、质量的创新、质量责任的界定等。这个模式有几个重点:第一,要明确地提出目标导向,目标是什么?目标落实下来就是指标,产品质量应该达到什么指标?各级人员应该负责什么指标?加工、采购等各个环节都该有什么指标?这些很重要,如果这些指标不清楚,说明这个质量管理模式对目标的界定不清晰。我在中建一局负责质量管理工作的时候,曾把目标管理作为最重要的方面。第二,有了目标以后,对各个品类质量提升的策划也是很重要的。策划是常态,需要不断进行针对竞品、针对消费者的研究和策划。第三,过程管理,过程管理针对的是一个个的流程,首先看这些流程是不是都在有效地运行,是不是能够细分,是按照产品线分还是按照职能分,这些都需要有一个明确安排。第四,质量的改进。第五,质量的考核。总结起来是"目标—策划—过程—改进—考核",考核也可以放在改进的前面。企业明确质量管理模式,这是内部性要求,如果结合外部性要求,还可以重新塑造模式。

(2)质量管理体系。

质量管理体系从 ISO 9001 发布开始进入一个全新的阶段,即"质量保证",在此之前是质量检验阶段,以卓越绩效模式为基础来构建体系。现在企业的体系太多了,需要整合。除了 ISO 体系,还有风险管理、创新管理等若干个体系,如果按照原来的方式,企业的管理手册和程序文件不知道要堆多高了。ISO 9001:2015 就大幅简化了文件化要求。

企业的体系文件就是在质量方针和质量管理模式之下,按照过程方法确定的运行文件,上承接战略,下对应质量绩效。通过体系的运行,达到保证质量、提升质量的目标。目前某些企业的现状是质量管理的部分职能缺失,或者运行出现死角,往往在出现问题后再进行检查。还有一个突出的现象就是文件与管理实践分化产生"两层皮",其根源在于原来的体系和标准过于强调文件和记录。如果企业质量管理强调与管理实践相结合,强调风险与绩效,这本质上就会为解决"两层皮"提供方法论。习惯成自然,就像很多审核员并不习惯对没有体系文件的体系进行审核一样,很多企业也并不习惯构建和使用没有体系文件的管理体系。

(3)实体质量。

企业的最终目标就是将生产资料转化为产品。从消费者感知的角度来看,实体质量是消费者选择产品的重要因素。实体质量包括观感、性能、可靠性、安全性、效率等诸多方面的指标。比如在选择食品时,最重要的质量参数就是是否安全,然后才是种植方式是否绿色,是否有机,是否色香味俱全,人们对质量的感知和评价是层层递进的。

不同的产品满足人们不同的消费需求，消费需求也有两个层次：首先是基本需求，就是人先要吃饱，其次才可能吃好，选择去米其林餐厅，那就是高需求。高需求对质量的要求，就包含了客户体验，即从质量要求发展到品牌要求。

4.2.4　质量管理体系该如何重新构建

质量管理体系是组织内部建立的、为实现质量目标所必需的、系统的质量管理模式，是组织的一项战略决策。它将资源与过程结合，以过程管理方法进行系统管理，根据企业特点选用若干体系要素加以组合，一般包括与管理活动、资源提供、产品实现以及测量、分析与改进活动相关的过程组成，可以理解为涵盖了从确定顾客需求、设计研制、生产、检验、销售、交付之前全过程的策划、实施、监控、纠正与改进活动的要求，一般以文件化的方式，成为组织内部质量管理工作的要求。

"两张皮"是大家经常提起的现象，ISO 9001:2015 版简化了文件化的要求，强调了风险控制，突出了战略导向以及领导力，整体上与卓越绩效评价准则更加接近了。很多企业都会有"冗余"的文件，我曾经去过一个铁路单位，各种制度文件交叉纵横，越到基层，负担越重，浪费自然不可避免，更大的问题是责任不明确，合同履约风险增加。重构质量体系，其实也可以放大到重构管理体系，有以下几个要点：第一，明确质量理念；第二，重塑质量模式；第三，强化组织结构；第四，突出过程管理；第五，减量制度文件；第六，促进转型升级。

质量管理体系的创新发展，正如迎寒绽放的梅花，企业要有所作为，致力于推进中国企业质量发展与创新。

4.3 德国的质量管理

德国质量管理大师赫尔曼·西蒙在《隐形冠军：未来全球化先锋》[一]中统计了部分国家 2004～2013 年的人均出口量，德国人均出口量稳居第一。

4.3.1 100 年前"德国制造"曾经是假冒伪劣的标志

在世界制造业历史上，德国制造是一个为众多追求高品质的人所津津乐道并学习的典型例子。如今，"德国制造"已成为质量和信誉保障的代名词，德国产品质量享誉世界。只要一提起"德国制造"，人们就会自然联想到自己看到或使用的德国产品，大到火车、桥梁，小到帐篷、钟表、厨具，这些产品给人留下的印象是耐用、精致、安全、可靠。"德国制造"在各个领域，比如汽车、电器、服装、文具等都占有领先地位。

回顾历史，"德国制造"这个"金字招牌"并非上天的眷顾和恩赐，而是德国人"知耻而后勇"，靠创新和质量，脚踏实地一点一滴做出来的。100 多年前的"德国制造"曾是抄袭、劣质和仿冒品的代名词，是欧洲其他国家眼里"劣质产品"的象征。

1871 年普法战争后，德国实现了统一。社会初步稳定，百废待兴。要想让国家强大，必须大力发展工业。而此时的世界市场，又几乎被其他西方国家瓜分，"后来者"很难进入。由于缺乏先天技术与人才积累，在夹缝中求生存和发展的德国人没有资金和市场，只得模仿英国的产品，用低劣的材料制造，再伪造制造厂商标志，以低价冲击市场，销售到各

[一] 本书中文版机械工业出版社已出版。

个国家。

更为严重的是,当时德国工业界出现了大量严重违背工业道德与商业道德的现象,通过剽窃、伪造商标等方式,将"英国制造"的标签贴在德国制造的产品上,利用劳动力低廉与原料低价的优势生产类似商品出售。

这些行径造成了极坏的国际影响,德国产品已然成了廉价、劣质、低附加值的代名词,随之而来的是各国的抵制。

1876年,在美国费城举办的世界博览会上,德国"机构动力学之父"弗朗茨·勒洛批评德国产品质量粗劣、价格低廉、假冒伪劣,作为权威人物,他批判本国产品的言论在德国引起了轰动,在世界范围内产生了影响,对德国产品和德国制造打击很大。

当时,英国谢菲尔德公司生产的刀具以其优质在市场上具有很高的声誉。德国索林根城的刀具制造商便假冒这个品牌,把自己仿制的产品打上"谢菲尔德"的标记出口国外。虽然看上去跟英国产品相似,但德国厂商使用的材料是低劣价廉的铸铁,完全不同于英国产品使用的质优价昂的铸钢。这一丑闻曝光后,英国企业家们掀起了抵制德货的运动。他们要求所有来自德国的产品,都必须贴上"德国制造"的标签,以此与"英国制造"区别。[一]

4.3.2 从假冒伪劣到世界标杆:"德国制造"做对了什么

英国对德国产品的抵制,以及弗朗茨·勒洛的批评极大地刺激了德国人,引起了整个国家和民族的彻底自省和反思。德国人也认识到国家

[一] 水木然. 100年前,"德国制造"也曾是假冒伪劣标记 [J]. 当代广西,2016(9):59.
[二] 程振彪. 德国质量是如何炼成的?[J]. 汽车科技,2014(2):48-49.

要想长期稳定发展不能只靠商品的廉价，只有产品质量过硬才能走得更久、更远。

德国企业开始对自己的产品质量严格把关。大多数德国企业家已经充分意识到质量对于产品的重要性与品牌旺盛的生命力。多数德国企业都将"用质量竞争"作为企业发展的首要目标，提出了"占领全球市场靠的是质量而不是廉价"的口号，同时加大创新力度，严把产品的质量关，"处处、事事、时时"重视质量，从细节上关注质量，设计上勇于创新，技术上不断进步。

德国政府也明确表明了姿态，企业要齐心合力改变德国制造的这种现状，抓住第二次工业革命的契机，在机器制造、化学制药等领域全力进行生产技术改造攻关。可以说，1887年，是"德国制造"的一个分水岭。到19世纪末，德国人潜心研究质量十年，工业产品的质量有了明显改观，基本实现了从假冒伪劣向质优创新的根本转变，德国多数商品在世界市场上基本摆脱了"价低而质劣"的名声。十年之后，英国人惊讶地发现，德国商品在他们的生活中已必不可少，而且质量可靠，价廉物美。例如，曾经假冒英国品牌的德国索林根城刀具制造商，生产出了著名的双立人刀具。今天，这个品牌已行销全球，美名享誉世界。

久而久之，德国人靠着专注与执着，树立了"质量可靠、经久耐用、做工精细、供货及时、服务周到"这一德国产品的鲜明特征，彻底扭转了"德国制造"在世人心目中的负面印象，同时也让德国人自豪。由此可以看出，是质量促使"德国制造"跃上新的台阶、达到更高水平，两者相互依赖和依存，相映生辉。从1887年到今天，"德国制造"走过了130多年的历程，质量可靠、经久耐用、供货及时、改革创新能力强和生产工艺流程成熟，都成为"德国制造"的丰富内涵。

从劣质到标杆，德国有几条特别重要的做法：第一，把高质量发展作为国家战略；第二，出台系统的产业升级创新政策；第三，通过立法来坚决打击假冒伪劣行为；第四，通过建立国家质量基础设施，在计量、标准、合格评定方面投入巨大，打造了坚实的国家质量基础设施；第五，实行双轨制职业教育，培养大批的高水平产业工人，弘扬工匠精神。

4.3.3 什么成就了"德国制造"

德国运用政策和法律，为赶超英国开辟了道路，尤其是德国在加强出口产品安全管理方面所依赖的政府产品管理机构、法律法规、行业标准以及质量认证等制度体系，成为"德国制造"崛起最直接的保障。

1. 在产品质量管理及监管方面，构建完整的管理网络

德国经济是典型的出口导向型经济，德国工业产品中有一半销往国外，德国对外贸易归联邦经济部主管，下设对外贸易办公室专门负责出口产品管理。除了政府部门，消费者权益保护部门和质检部门等对产品质量也进行管理，德国工商总会、中小企业联合会等在全球都有庞大的联系网络。德国工商总会是由 79 个独立的德国工商会构成的行政联合机构，其和德国联邦外贸与投资署紧密合作，是德国企业的最高发言人。根据德国有关法律规定，所有德国境内企业(除手工业者、自由职业者及农业加工业外)均必须加入德国工商会。

此外，行业协会、行业组织如标准化机构、质量认证机构等在产品质量管理中也发挥着重要作用。以行业协会来说，德国行业协会分为公法和私法两种，具有公法性质的商会、企业主和企业必须依法参加，私法性质的协会是私人经济组织自愿联合形成。德国行业协会为政府和立

法机构提供意见和建议，一定程度上影响着社会经济活动，帮助企业提高产品品质。

在"德国制造"声誉极差的背景下，为了使后起的德国商品能够在国际市场上具有竞争力，1907年，包括12名建筑师、工匠和12名企业家在内的共计约100个公司和个人组成了全国性的组织——德意志制造联盟，目的是通过艺术家和企业的合作，实现手工业和工业生产的审美现代化，提高工业制品的质量以达到国际水平，进而提高德国产品质量。

来自政府、社会组织的行动共同构成了德国产品质量的监管网络，保障了德国产品质量的稳步提升。

2. 从法律法规、政策制度等方面建立全方位的质量保障体系

建立健全的劳工培训及奖励制度，为德国制造质量振兴培养高水平人才。德国推行的"双轨制"职业教育是改变的一个重要保证因素。1900年，德国的许多大城市将学徒期青少年的进修教育定位为义务教育，并决定让企业参加职业培训，承担培训的主要责任，同时用职业教育学校教育补充企业实训。1911年，德国宪法明确要求，18岁以下的青少年要接受职业教育，德国"双轨制"职业教育模式由此形成，政府为实行"双轨制"职业教育的企业提供一定的优惠政策支持，给予职业教育学校各项财政资金支持。

这种教育模式为德国培育了大批既精通理论知识，又具有较强动手能力的复合型生产管理技术人才，促进了企业产品质量、经济效益的提高以及竞争力的增强。

德国政府在各行业建立起完整、详细的各项法律法规体系，完善的

产品法律体系为质量提供了保障。以食品安全为例，1879年时德国就制定了《食品法》，德国在食品安全的法律建设中构架了四大支柱：《食品和日用品管理法》《食品卫生管理条例》《HACCP方案》《指导性政策》，它们互相补充构成了范围广泛的食品安全法律体系的基础。

重视创新，形成"产学研"一体的创新体系，并出台与之对应的法律法规，为德国制造过硬的产品质量创新发展提供了保障。德国政府在整个社会广泛鼓励创新，为加强科技立法，实施宏观调控，德国政府于1877年制定了第一部《专利法》，并先后出台《科学技术法》《版权法》等一系列与科技有关的法律，而且许多法律法规中都有关于促进科技进步、保障经济发展的规定。

在德国，中小企业的数量占德国企业总数的98%以上，其产品占德国70%～90%的市场份额，是企业技术创新、技术进步的重要生力军。德国政府为中小企业制定了技术扶持政策，如《联邦政府中小企业研究与技术政策总方案》《中小企业研究和发展工作的设想计划》等。企业通过技术创新，提高了产品质量。[1]

上述法律法规、政策制度、措施为科技创新、产品质量发展提供了强有力的保障。

3. 严格的工业标准及标准化组织在产品质量管理方面作用巨大

德国制造质量提高，标准体系的作用不容忽视。德国建立起一整套独特的管理体系，全面、复杂和严格的标准体系对德国制造的质量保证和质量提升发挥了重要的基础性作用。

德国的标准分为四级。

---

[1] 周长城，陈云. 德国中小企业的作用及其扶持政策[J]. 国外社会科学，2004(1):48-53.

- 国际标准和地区标准：分别包括 ISO 和国际电工委员会（IEC）的标准。
- 国家标准（DIN 标准）：由德国标准化学会制定或委托指定的标准。
- 企业标准：由各企业制定，很多都是保密的，是 DIN 标准的主要来源。
- 地方标准：具有地方特色的标准，只占 5% 左右。

德国将各种标准、技术规程、技术法规、技术条例、技术规格统称为技术规范性文件。这些技术规范性文件中，德国标准化学会制定的 DIN 标准占 12%。

依据国家颁布的各项法律法规，标准化组织将数十万条的法律法规转化为具体的业内标准，严格的工业标准成为评价产品质量时的基础要求。

在技术标准方面，德国应用的工业标准有 1.5 万种，这些标准并非全部属于强制性规定，但许多德国企业偏好符合这些标准的产品，所以是否符合德国工业标准，实际上已成为产品销售额高低的重要因素。在德国，任何个人、团体、企业和国家行政机关，都可以就某一方面的标准制定工作提出建议，但是 60% 的标准是由企业代表组成的行业协会完成的。

德国的标准化工作是在政府支持下，由德国非官方组织——德国标准化学会负责的。德国标准化学会成立于 1917 年，是德国最主要的标准制定机构，也是德国的标准化主管机构，大约有 6000 个工业公司和组织为其会员，它设有 123 个标准委员会和 3655 个工作委员会。德国标准化学会制定的标准涉及建筑工程、采矿、冶金、化工、电工、安全技术、环境保护、卫生、消防等各个领域，每年都发布上千个行业标准，其中 80% 以上被欧洲各国所采用。

德国标准化学会很重视标准本身的质量，有专门的机构标准检验处和工作方法保证标准的严谨性。标准检验处检查以下几项。

- 标准或标准草案的文字是否正确。
- 标准的统一性。
- 同一项规定是否重复出现在两个标准里。
- 标准的有关条文和规定是否与其他标准有矛盾。

德国标准化学会吸收多方的力量，构成了一个标准化系统，通过标准化系统制定的一系列全面、细化、严密的标准，严格限制了企业的一举一动，从而保证了产品质量。

4. 德国制造质量的提高，质量认证制度的作用不容忽视

认证认可制度是国家质量基础设施的重要组成部分，认证证书也成为企业管理的合格证、市场经济的信用证、国际贸易的通行证。产品要出口到某一个国家和地区，除了需要满足关税和配额方面的要求外，还要符合各种认证的要求，所以认证也是非关税贸易壁垒的一部分，对内起质量保证和提升的作用，对外起互联互通和贸易便利化的作用。

20世纪80年代末期，德国成立了德国认可委员会（DAkkS）。它负责协调各认可组织，特别是强制与非强制领域认可组织之间的关系，并在国内外代表德国认可组织，发布被认可的认证机构和实验室名单。

德国认可组织分为强制领域认可组织和非强制领域认可组织。强制领域认可组织都是政府机构，由政府支付费用，按法律法规办事。非强制领域的认可机构是民间或私人的非营利机构，其组织机构由董事会、技术委员会、若干具体机构（公司）和部门组成。在各非强制领域认可

机构之上成立的认可联合公司负责协调会员之间的关系，确定各认可机构的工作范围，还负责认可体系认证机构和体系审核人员。

德国标准化学会 1927 年开始使用认证标志，称为 DIN 标志，只要生产企业的检验人员按 DIN 标准进行检验测试，合格后就可获得，其缺点是缺少获准使用标志的严格审查，导致标志的使用混乱，有的 DIN 标准只规定了产品部分功能要求，不能代表整个产品的质量。为此，德国政府于 1972 年起开始推行另一种 DIN 标志，采用第三方产品认证制度，由德国标准化学会派专门的检验人员对该产品进行抽查复验，认为合格者，才发放 DIN 标志，如果不合格的产品贴上 DIN 标志，一经查出，立即取消企业作为团体会员的资格或给予罚款。

在国家标准方面，1968 年联邦德国政府发布《设备安全法》，建立 GS 标志制度，其含义是"安全性已认证"，也有"德国安全"的意思。它以德国产品安全法为依据，遵照德国工业标准及欧盟统一标准进行检测，并且根据产品安全法的修订变化。2004 年 5 月，德国出台《设备与产品安全法》，将原有的设备安全法和产品安全法合并，并引入欧盟《关于通用产品安全》指令，形成《器具与产品安全法》，在其范围内的产品须经过联邦劳动和社会部认可的实验室检验和检查，符合要求后发放 GS 标志。贴着 GS 标志的产品表示其安全性已经通过了具有公信力的第三方机构的测试，在产品发生故障或出现事故时，制造商会受到法律制裁。

除德国标准化学会以外，还有德国电气工程师协会（VDE）标志，德国质量保证与标志协会（RAL）的许多标志，以及德国农业协会（DLG）的有关农业机具产品的标志等。1985 年 2 月，德国质量管理体系认证公司（DQS）成立，这是德国第一家质量管理体系认证机构，由德国质量协会（DGQ）、德国标准化学会、德国机械与设备制造业联合会（VDMA）、德国建筑工业总会等 7 家行业组织共同支持成立。

由于建立了法律法规、政策、行业标准、质量认证等完备的制度体系，从政府到企业，从法律法规到标准再到认证，构成了对产品质量的重要保证，共同成就了德国制造由仿品到精品的转变。

5. 德国行业协会在质量管理中的重要作用

在德国，政府不直接管理企业，而是通过行业协会与企业进行密切联系，行业协会在管理协调等方面做了大量的实际工作。德国是一个拥有众多协会的国家，而且协会始终处于变动之中。所以，德国到底有多少个协会，并没有权威性的统计数据。

德国行业协会在企业和政府之间发挥了桥梁和纽带的作用，它维护行业协会中所有会员企业的利益，同时对企业进行指导和监督。其中以经济领域行业协会最为活跃、最富成效，比如大型的社会经济团体如"工商协会""工业联合会""商业贸易协会"和"企业主(雇主)协会"等。[1]

在德国，行业协会和政府部门是平等的，不存在谁领导谁的问题。行业协会依法设立，不依附于政府，有较强的独立性，是整个社会经济生活甚至政治生活中不可缺少的力量。政府、议会在做出某项决策之前，必须听取相关协会的意见。它们认为，这样做体现了民主，如果削弱了行业协会，就是削弱了民主，也就削弱了宪法秩序，不利于经济的运作。在德国，行业协会的职能十分明确，行业协会源于企业，服务于企业。对行业协会来说，根本的宗旨是维护本行业企业的利益，帮助会员单位获取最大的利益。德国行业协会组织采用的是由下至上的制度，例如企业加入行业协会，行业协会又是上一级联合会的会员。

---

[1] 李桂菊. 德国行业协会的特点与启示 [J]. 中国电力企业管理，2000(7):45-46.

德国行业协会的职能主要有以下六个方面。

- 开展政策研究,提出建议。
- 市场的分析与研究。
- 企业的发展与规划、质量环保与技术咨询。
- 成本、价格的协调。
- 收集与传递信息,组织培训。
- 法律法规研究与咨询等。

4.3.4 德国建筑工程质量监管

德国在建筑工程质量监管方面建立了一套比较完备的体系,除政府质量监督部门和施工单位进行质量自控外,主要采取由州政府建设主管部门委托或者授权,由国家认可的质监工程师组建的质监公司,代表政府对所有新建工程和涉及结构安全的改建工程的质量实行强制性监督审查。在工程质量审查中,对工程材料的检测,一般由承包商负责送到国家认可的工程质量检测机构。当发生工程质量问题时,或者业主与承包商对工程材料、施工质量发生争执时,由质监工程师委托国家认可的工程质量检测机构进行检测,检测费用由承包商、业主或质监公司中的责任方负担。

德国建筑工程质量的监管是基本实现了政府监管、企业自管、社会监督的全方位质量监管模式。德国的质监公司与我国的监理单位最大的不同是其费用来源,建设主管部门以收缴税的形式向业主收取,然后由州政府付给接受委托的质监公司,而我国目前的监理单位依然是与业主之间形成的雇佣关系。

除了全方位的建筑工程质量监管,德国的法律法规以及对应的产品标准也为工程质量提供了保障。作为欧盟成员国，德国将欧盟实施的《欧盟建筑产品法规》依法转化为《建筑产品法》和《建筑法规》，明确规定了建筑产品一致性的证明方法，以及一致性认证、检测、检查和认证机构的要求。因为建筑产品的多样性和欧盟区内各国环境、地理以及气候性的差异，德国一方面需要遵守欧盟的法规条例，另一方面需要确保本国的工程质量。因此，德国依据《建筑产品法》和《建筑法规》制定了建筑产品目录。在欧盟强制性产品认证范围内的建筑产品，执行《欧盟建筑产品条例》，在德国建筑产品目录内的产品，必须取得德国产品认证。[一]

德国各联邦州均设有市场监察机构，负责各自属地内涉及建筑产品的质量监管工作。德国建筑技术研究院负责协调各州监察机构的行动，并在需要时提供技术支持。德国建筑技术研究院作为州市场监察机构的代表出席欧洲有关建筑产品市场监察的会议，并参与承担其中的主要工作。对于市场监管，德国采用主动监管和市场反应相结合的原则。主动监管是指监察机构对工程项目实施核查的工作。市场反应是指当出现主动监管外的质量问题，比如发生事故或者有人投诉的时候所采取的措施。

得益于法律的健全，德国的建筑业从上到下都以法律为依据，依法维护国家、雇主和员工的合法权益。

建筑质量与人们的生命安全和生活质量息息相关，如何把好建筑质量关？如何维护好业主、建筑师、工程师和政府主管部门各方利益？除了构建比较完善成熟的制度和法规外，引入独立专业的检验工程师制度是德国堵塞建筑漏洞、防患于未然的重要举措，由外来的、独立的专业力量预防建筑工程在设计和施工过程中出现错误，保证了工程质量和价

[一] 佟晓超. 德国建筑领域认证认可制度对我国的借鉴启示 [J]. 工程质量, 2013,31(12):14-18.

值，维护了业主、建筑师和工程师的利益，提升了德国整体的建筑质量，增强了建筑产业的竞争力。

4.3.5 德国工业 4.0

德国工业化起步晚于英、法、美等国。1871 年普法战争结束后，德国实现了统一。统一后的德国政治经济实力大为增强，工业化发展更加迅速。经济的发展推动了德国工业产量的增长。1867～1914 年，德国工业总量增长了 8 倍，法国增长了 3 倍，英国仅增长了 2 倍。在 1913 年，德国的工业生产总量仅次于美国，位居世界第二。德国经济的发展和工业化的推进促使德国各行业的就业人数发生了变化。这一时期，德国的产业结构实现了从第一产业向第二产业的转变。到 20 世纪初，德国已成为一个以工业为主导的资本主义强国，经济的发展促进了对外投资和贸易。据统计，在 1880 年，德国出口额仅为 23 亿马克，到了 1913 年出口额就上升到 100 亿马克。[一]

根据德国学术界和产业界的定义，前三次工业革命的核心可分别概括为机械、电器、信息技术。德国联邦经济技术部和联邦教研部在 2013 年的汉诺威工业博览会上提出了"工业 4.0"的概念。德国工业 4.0 是工业化与信息化结合的产物，核心是网络化、信息化和智能化，是真正意义上的工业革命。它的主旨在于把德国的工业产业推向一个更高的层次，彻底改革德国的工业生产技术，把德国工业生产技术推向最先进的智能化生产，达到"车间无人"，生产效益"最优""最大""最尖"的地步。[二]

[一] 杨鑫，徐继承. 工业化时期德国经济发展的原因及其影响 [J]. 赤峰学院学报（汉文哲学社会科学版），2016,37(8):44-46.

[二] 晏越. "德国工业 4.0"与"中国制造 2025"综述 [J]. 科技风,2016(16):185-186.

在第四次工业革命的影响下，企业将建立全球网络，把它们的机器、存储系统和生产设施融入信息物理系统（Cyber Physical System, CPS）。在制造系统中，智能机器、存储系统和生产设施为主要组成部分，相互之间能够完成独立的信息交换、动作触发和控制。对内，德国需要尽快实现产业升级，促进数字技术等新兴行业的发展，尽快摆脱"路径依赖"的负面效应；对外，又要同时面对国际市场上的竞争。

"工业4.0"是数字议程的核心之一，数字化是实现"工业4.0"的基础条件，只有数字化进程得到推进，未来生产网络才能建立，所以数字化可以看作为"工业4.0"铺设的管道。如今已经有超过200亿件机器设备通过网络连接了起来，预计到2030年这一数字将达到5000亿，因此数字化和网络化将是经济增长的关键推动力。

早在2014年，德国政府就提出了《数字议程2014—2017》（*Digitale Agenda 2014—2017*），这是德国数字化政策中具有里程碑意义的一项措施，可以算是数字化进程中的纲领性文件。三年过后，《数字议程2014—2017》制定的目标基本实现，具体包括：

- 增长与就业
- 数字化入口建设
- 信任和安全

最后我们用五个关键词概括德国"工业4.0"：感知、连接、数据、集成以及定制，即对工业生产系统每个环节的深度感知、万物实时高效互联、数据驱动的精益生产和智能服务、基于CPS系统的综合集成，以及满足客户多样化的需求。

CHAPTER 5 | 第 5 章

世界各国质量奖

质量奖励制度是质量管理发展理论和实践中非常重要的一部分，伴随质量管理发展演变全过程。从人的个体行为来说，激励作用和约束作用是非常明显的，就是解决动机问题，即人为什么追求高质量和为什么造假的问题。从制度层面，日本在 1951 年设立戴明奖，因为那个时候日本百废待兴，质量管理对于提升产品竞争力作用非常明显，日本企业依靠严格的质量管理迅速发展，时至今日，日本在基础材料和产品领域依然非常领先。到了 1982 年，美国产品受到日本产品的冲击，美国开始从立法等角度加强质量管理，由于波多里奇做出的卓越贡献，设立了以他名字命名的质量奖。1991 年欧洲正式设立质量奖，我国也基本上在这个时期开始设立质量奖。质量管理 U 形曲线研究模型中所采用的数据，就是来源于卓越绩效模式的评分评价体系。这个评价体系不仅仅可以用于评奖，更重要的作用和价值是能够推动企业以更加系统的方法追求卓越。

在和企业、地方政府质量主管部门以及福州大学、西南交通大学、北京大学等开展质量与发展相关问题的交流活动过程中，往往会涉及一些有关核心问题的讨论，如产业转型、技术创新等，还有针对产业高质量发展的交叉学科研究。我们注意到斯坦福大学设立了可持续发展学院，哈佛大学也成立了可持续发展研究中心。可以说高质量和可持续已经成为当今世界的一个重要议题。

仰望天空、脚踏实地。我们在做理论研究之后，需要考虑的就是落地。我认为质量奖对于企业质量提升、地区质量提升和产业升级的作用是显著的。但是由于质量奖名额有限，对于绝大多数企业来说，可能觉得获奖希望渺茫，也就放弃了相关方面的努力。

质量奖就像是奥运会的奖牌，获奖者实在是太少了。很多人知道自己不可能成为任何奥运赛事的冠军，但是依然热爱运动。质量的提升也应该如此。不要为了获奖而去抓质量，质量的提升本就应该成为企业的一种"热爱"。本章将为大家系统性介绍世界各国著名质量奖的背景、简介、评分标准以及一些获奖企业案例，帮助大家认识质量奖、接纳质量奖，并积极以世界著名质量奖的高标准严格管理自己企业，成为中国企业的质量标杆。

5.1　美国波多里奇国家质量改进法与美国经济的腾飞

5.1.1　背景

美国是较早地开展近现代质量管理活动的国家，1946 年，美国质量管理协会成立。当时美国开展质量管理时缺乏政府、团体与企业之间的协作和配合,因此20世纪80年代以后,美国的质量管理已经被日本超越了。日本企业在国际市场中的竞争力日益强大,其经济增速则超过美国几倍,与美国GDP的差距也快速缩小,小到电子表、大到汽车,日本产品纷纷涌进美国,美国本土工业面临强烈冲击,导致美国产品在本土的市场占有率大幅下降。不少美国企业在竞争中落败,陷入困境,甚至破产,汽车、电气等行业尤其严重。

1980年,一部介绍日本通过全面质量管理活动,创造出优异产品的纪录片在美国NBC电视台播出,首次向美国介绍了日本的戴明奖及其对日本经济重新崛起发挥的作用。这部纪录片创造了4000万人观看的数据[1],纪录片录像带的发行量更是创下美国历史最高纪录,反映了当时美国民众对市场被日本占领的焦虑,以及迫切希望国家经济复兴的心愿。美国政府和经济界领袖们开始关注提高美国的生产力及市场竞争力。

5.1.2 美国100-107号法案及波多里奇奖的设立

1982年10月,时任美国总统里根签署了授权召开有关生产力的国家会议的文件,即国家开展提高生产力研究的法令,法令指出:美国的生产力正在下降,生产的产品价格昂贵,在国际市场上缺乏竞争力,需要通过政策和管理技术来恢复国家生产力,这个管理技术即TQM。1983年9月,美国白宫召开生产力会议,会议上,总统、副总统、总统顾问及商务部部长等纷纷发言,呼吁在全国公立组织和私营企业中全面推行质量意识运动。在上述背景下,美国政府部门和企业界对于TQM活

---

[1] 袁俊. 浅析世界著名三大质量奖[J]. 中国标准导报, 2006(6):26-31.

动的兴趣与日俱增。许多政府和企业界人士建议，设立一个类似日本戴明奖的美国国家质量奖，帮助美国企业开展 TQM 活动，提高美国的产品质量、劳动生产率和市场竞争力。其中一个重要的人物就是马尔科姆·波多里奇。

马尔科姆·波多里奇当时担任美国的商务部部长，他在任职期间一直致力于优化美国的质量管理工作，对促进美国质量管理的提高做出了杰出贡献。为了复苏美国经济和重新在国际市场站稳，他带领组织政府和工商界人士到日本进行深入调研，他认为美国及企业在竞争中取胜的关键是提高美国的质量管理水平，应将质量作为一项国家重点事项，呼吁并推动美国设立类似日本戴明奖的美国国家质量奖，以唤起人们对质量的重视，促进美国企业开展 TQM 活动，提高美国的产品质量、劳动生产率和市场竞争力。他始终认为，TQM 实践是影响美国经济繁荣和国家强大的关键因素，美国众议院就此举行了一系列听证会。1987 年 8 月 20 日，时任美国总统里根签署了以他名字命名的美国 100-107 号公共法案《马尔科姆·波多里奇国家质量改进法》，马尔科姆·波多里奇帮助起草了该法案的草案。为了表彰他的贡献，创立了以他名字命名的马尔科姆·波多里奇国家质量奖（简称波多里奇奖），依据该法案，奖励那些在质量管理、绩效和竞争力方面取得卓著成绩的美国企业，并强化公众对质量和卓越绩效重要性的认识。

5.1.3　波多里奇奖分类、评定准则及对企业的影响

波多里奇奖在设立初期分为企业、健康卫生和教育机构三类，现在扩展到商业及非营利组织（包括制造业、服务业、小企业、非营利组织

和政府)、教育和医疗保健三类。

评奖的依据是"波多里奇优秀业绩评定准则"(Baldrige Criteria for Performance Excellence)。波多里奇卓越框架包括卓越绩效标准、核心价值观和概念，以及评估流程和结果的指南，这些内容构成了波多里奇奖的整体技术架构，为组织提供建立综合绩效管理系统的指导及自我评估参考，帮助组织进行创新和改进。该准则是质量工作评定的一个非常重要的标准，它是可以检验组织绩效管理活动的先进管理模式以及系统的评估方法和观察方法。组织可以对照该准则来衡量自己的业绩水平。它除了是波多里奇奖的主要评定依据之外，也是美国46个州评审质量奖的评审依据。卓越绩效评价准则由11条核心理念与7个主要评审模块构成，最大特点是科学性与动态性，针对不同领域有专门对应的标准，从而构建了相互支撑、结构科学的卓越绩效模式。其核心是"定点超越"，强调企业想要获得巨大的进步，就要不断地将本企业的业绩与同行业最好企业的业绩相比较，找出差距，然后迎头赶上。此外，它更关注结果，创造了以经营结果为导向，以顾客满意和创新活动为焦点的"卓越绩效模式"框架。

波多里奇奖评奖标准(2017～2018版卓越绩效框架)的7个构成模块为：领导、战略、顾客、测量分析与知识管理、运营、人力资源、结果，评审总分是1000分，如图5-1所示。

波多里奇奖是一个杠杆，每年只有3～5个企业获奖。它引导企业通过连续的质量改进和设定业绩的卓越标准获得顾客满意。许多企业采用波多里奇奖卓越绩效模式，提高了生产率、市场占有率和顾客满意度，改善了企业和雇员的关系，最终提高了企业利润。统计数据表明，波多里奇奖与企业的市场表现的改进有着十分密切的联系。

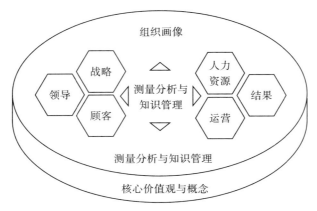

图 5-1　波多里奇奖评奖标准

资料来源：https://www.nist.gov/baldrige/baldrige-criteria-commentary。

1995年，美国国家标准技术研究院（National Institute of Standards and Technology，NIST）公布的报告指出，获奖企业群体业绩超过标准普尔500指数，收益比约为2.5∶1，企业增长率达到362%。

1997年，凯文·亨德里克斯（Kevin Hendricks）和维诺德·辛哈尔（Vinod Singhal）对一个包括600家获得质量奖的上市公司的样本进行了分析。亨德里克斯和辛哈尔仔细研究了这些公司在首次获得质量奖之前6年以及之后4年的绩效情况。调查的主要绩效指标是营业收入的变化百分比，以及能够影响营业收入的一系列指标，如总资产增长率、员工数量增长率、销售利润增长率、资产收益增长率等。他们将获奖公司的这些数据与同行业中规模类似的对照公司的相关数据进行比较。研究发现，样本与对照组之间存在显著差距（见表5-1）。其结果表明，当TQM得到有效实施时，能够显著改善公司的财务绩效。在这点上，小公司的表现优于大公司，在5年内，获奖公司投资组合的表现超过标准普尔500指数34个百分点。

表 5-1　获奖公司与同行业中规模类似的对照公司的相关指标对比

对比指标	获奖公司（%）	对照公司（%）
营业收入平均增长速度	91	43
销售增长率	69	32
总资产增长率	79	37
员工数量增长率	23	7
销售利润增长率	8	0
资产收益增长率	9	6

2011年12月，美国国家标准与技术研究院发布Baldrige卓越绩效计划的经济评估指出，波多里奇奖为美国经济带来的计划收益与计划成本比为820∶1（投资回报比），两次获奖的组织收入中位数增长了85%，岗位中位数增长率为55.5%，远远超过同期同行业的中位数增长率4.7%。[一]

自20世纪90年代至2000年，美国GDP年均增长率达到4%，在1993年的国家竞争力排名中重新回到世界第一的位置。2000年，美国人均GDP为3.63万美元，超过了日本，而这正得益于经由波多里奇奖推广，广泛而深入开展的质量管理运动。据调查，美国80%的企业认为波多里奇奖促进了企业质量的提高。20多年来，获得者作为卓越质量的倡导者，已做3万多场报告，向其他组织宣传获奖的经验。现在，全美有数千个企业和组织用波多里奇奖的原则和评价标准进行自我评估、培训和改进。美国历任总统都高度评价波多里奇奖，克林顿在任时曾说："波多里奇奖对于提升美国企业及国家竞争力发挥了重要作用。"波多里奇奖的评定和颁发工作推动了全美范围内的质量管理活动，帮助美国许多企业取得了优秀的业绩，增强了整个美国的竞争力。

[一] 美国国家标准和技术研究院. 波多里奇奖项目 [EB/OL].(2010-01-15)[2022-07-30].https://www.nist.gov/baldrige/publications.

5.2 EFQM 卓越奖

5.2.1 简介及八项基本理念

EFQM 卓越奖的设立目的和美国波多里奇奖以及日本戴明奖是一样的，都是为了推动质量改进运动、增强企业对质量改进重要性和质量管理技术方法的认识，并对表现卓越的企业进行认可，以提高欧洲企业在世界一体化市场上的竞争力。1992 年起，欧洲各国和地区纷纷设立质量奖，其评审标准和过程基本上都遵循 EFQM 卓越模型。目前，绝大多数的欧洲国家都设立了自己的质量奖。

美国波多里奇奖和日本戴明奖在推动和改进制造业与服务业质量水平和绩效方面所取得的成效，使欧洲企业意识到它们有必要开发一个能与之相媲美的欧洲企业质量改进框架，时任欧盟委员会（EC）主席的雅克·戴勒指出："为了企业的成功，为了企业的竞争的成功，我们必须为质量而战。"1988 年，欧洲 14 家大型企业发起并成立了欧洲质量管理基金会（EFQM），意在强调质量管理在所有活动中的重要性，把促成质量改进作为企业达成卓越的基础，从而增强欧洲企业的效率和质量效果。1991 年 10 月，在巴黎召开的欧洲质量管理基金年度论坛上，欧盟委员会副主席马丁·本格曼先生正式提出设立欧洲质量奖。1992 年 10 月，在马德里召开的欧洲质量管理基金年度论坛上，当时的西班牙国王胡安·卡洛斯向获奖者颁发了首届欧洲质量奖。2006 年欧洲质量奖更名为 EFQM 卓越奖。

EFQM 卓越模型在 2010 年进行了更新，对基本理念、模型和 RADAR 元素（结果、方案、展开、评估、评审）进行了修改。这次修改更多的是更新，而不是进行全面的改变，EFQM 卓越模型的基本结构和理念仍然以原有的名称为基础进行更新，以便更好地应对一些新出现的趋势和话题，包括：

- 关注外部网络并利用网络资源实现创新和创造的目的。
- 更加均衡地关注人的需求和组织的需求。
- 增强对财务和社会责任的关注。
- 有意识地运用风险管理，采取快速、及时的行动以应对快速变化的需要。

EFQM 卓越模型基于以下 8 项基本理念。

- 实现平衡的结果。
- 增加顾客价值。
- 以愿景、激励和正直的方式领导。
- 基于过程的管理。
- 以人为本的成功。
- 培育创造与创新的能力。
- 建立合作伙伴关系。
- 为可持续发展承担责任。

5.2.2 评分标准

EFQM 卓越模型的逻辑模型如图 5-2 所示，它从 9 个方面描述了组织走向卓越的过程，这 9 个方面分为驱动因素和结果两类。驱动因素是实现结果的手段，结果反映了某一特定的经营业务或业务领域取得的成就。图中的箭头表示模型的动态特性,学习、创造和创新有助于改进驱动因素,从而实现结果的改进。

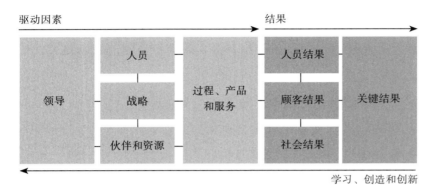

图 5-2 EFQM 卓越模型

与波多里奇优秀业绩评定准则类似,EFQM 卓越准则按照方法类目和结果类目平衡的方式赋予权重,具体如下。

- 领导(10%)。
- 人员(10%)。
- 战略(10%)。
- 伙伴和资源(10%)。
- 过程、产品和服务(10%)。
- 人员结果(10%)。
- 顾客结果(15%)。
- 社会结果(10%)。
- 关键结果(15%)。

当使用 EFQM 卓越准则评审一个组织时,RADAR 提供了评分指南，参照卓越模型评审一个组织的不同方面。基于 RADAR 的分值是确定 EFQM 获奖企业绩效水平的基础。如图 5-3 所示，RADAR 评分指南考虑了以下 4 个方面。

- 策划与开发方法。
- 方法展开。
- 评估和优化。
- 要求的结果是否相关和可行，并在趋势、目标、对比和原因方面有良好的结果。

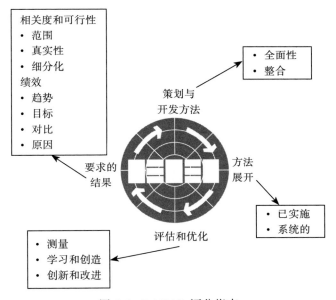

图 5-3　RADAR 评分指南

EFQM 卓越奖与波多里奇奖有着许多相同的概念和准则，但在某些方面也有所不同。例如，波多里奇奖是竞争性的，对最终能够获奖的企业数量有着严格的限制。EFQM 卓越奖就其本质而言是非竞争性的，达标的每家企业都能够获得一个"奖励"。然而由于每个类别只有一家企业可获得最高奖，在某种意义上，这使得 EFQM 卓越奖更具有竞争性。

EFQM 卓越奖评审委员会包括欧洲各行业领导、历年获奖者的代表和欧盟委员会、欧洲质量管理基金会以及欧洲质量组织的代表组成，面向每一个绩效良好的欧洲组织开放，强调对组织卓越的认可，并向所有申请组织提供详细和独立的反馈，帮助它们实现持续改进。EFQM 卓越奖分为 3 个等级。

- EFQM 卓越奖最高奖——获奖企业的质量方法和经营结果应是欧洲或世界的楷模。在奖项的 5 个类别中，每个类别最多只能有一个最高奖得主，而且只有出现符合条件的企业才能向其颁发这一奖项，否则空缺。获奖企业可以在信笺、名片、广告等上面使用 EFQM 卓越奖标识。
- EFQM 卓越奖单项奖——授予在 EFQM 卓越模型的某一基本理念方面表现优秀的企业。获得 EFQM 卓越奖单项奖的企业是那些能够帮助别人学习与改进的企业，因此它们在各个方面也都是优秀的。评估小组对每个企业的归属类别做了详细分析，以供评判委员会参考决定它们是否有资格赢得这个奖项。
- EFQM 卓越奖入围奖——获得入围奖意味着企业在持续改进其质量管理的基本原则方面，达到了较高的水准。每年同一类别中都会有几个组织获得入围奖。评判委员会参考评估小组的推荐建议确定获奖者，除了基于 EFQM 卓越模型的得分外，还要考虑它们的网站点击率等。

5.2.3　获奖企业案例

山东临工工程机械有限公司（简称山东临工）以七星级优异成绩获得"2019年度EFQM卓越奖"，是国内工程机械行业唯一获得EFQM卓越奖的企业，这不仅标志着山东临工成为国际化企业发展标杆，为中国制造赢得了世界赞誉，更能为企业引入科学与卓越的管理模式，锻炼一大批优秀管理人才，促进企业的高质量可持续发展。

山东临工始建于1972年，是国际化的工程机械企业、国家高新技术企业。公司主要产品有装载机、挖掘机、道路机械及核心关键零部件等系列工程机械产品，业务遍及全球130余个国家和地区，已成为世界工程机械50强，中国三大工程机械出口商之一。公司先后被授予"中国机械工业百强""中国工业行业排头兵企业""全国重合同守信用企业""制造业单项冠军示范企业""全国质量标杆企业"等荣誉称号，获得"全国五一劳动奖状""省长质量奖""全国机械工业质量奖""全国质量奖""亚洲质量卓越奖""欧洲质量奖"等奖项。

山东临工的核心价值观是效率至上、科技领先。

山东临工拥有先进的工艺装备、检测设备和完善的管理体系，保证了产品的性能和质量，客户满意度和市场占有率保持在行业前列。山东临工坚持技术创新和管理创新，全面推行绩效管理和精益生产方式（LPS），大力实施精准营销和品牌战略，综合运营效率持续提高，成为省、市利税大户。

山东临工自成立就将产品质量视作发展的根本，秉承"可靠承载重托"的发展理念，持续采用精益生产方式，以节能、可靠、舒适、智能作为研发方向，打造世界一流的研发实验体系，开发出具有绿色、节能、环保的卓越品质的创新型产品，持续为客户带来最大的价值回报。山东临工建立了"一全二创三结合"的创新管理模式："一全"即全员参与，"二创"即管理创新与技术创新，"三结合"即管理人员、技术人员、生产人员相结合，实现"1+1+1＞3"的效果，极大提高了创新效率。同时，山东临工全面深化"两化"融合，广泛运用先进制造技术，持续提高准时化生产水平，打造柔性制造能力，为全球用户提供品质卓越的产品和服务。

5.3　戴明奖与日本质量振兴之路

日本是经济大国和技术大国，从家用电器到汽车，日本产品遍及世界各地。在国际市场中，"日本制造"深获信任。事实上，20 世纪 50 年代，日本制造却意味着质量低劣，当时一些日本企业把工厂开到美国乡村，浑水摸鱼贴上"美国制造"的标签。然而到了 20 世纪 60 年代，日本制造开始风靡全球，超过并抢占了"美国制造"的大部分市场。日本制造的成功得益于它从美国引进的质量管理体系及对质量管理的创新。

5.3.1　日本的长寿企业

17 世纪，日本以构成社会的士、农、工、商这"四民"区别并严格划分社会等级。当时的德川将军颁布一系列法令，教导人们继承父母的职业。17 世纪中期，日本还通过规定消费模式和生活方式，进一步强化身份的差异。例如，武士可以根据阶层穿对应品质的丝绸衣服，而农民只能穿棉布衣服。住宅的外观和装饰风格也与身份和经济地位有很大的关系。商人和手工业者居住的典型房屋类型是前店后屋，这种商住两用的房子大多数外观简陋，室内也同样不舒适。收入微薄的工匠则住在被称为"长屋"的房子里，有时工匠甚至会在屋里干活。农民住的农舍同这些房屋相比就会舒服很多，因为农民有自己独立的居所，收入高的还能多加几个房间。㊀

日本是一个非常重视身份的社会，各个社会阶层形成了各自的行为准则，并以此为生活标准和处事原则。日本早期对教育的重视，也促使了各阶层人士价值观的确立。19世纪中叶，日本识字率几乎高于世界上的所有国家，甚至最底层的人也能够接受职责、义务等儒家伦理思想的教育。许多商人在注重学习伦理道德和经商知识的同时，也不断教育其后代维护家族利益的重要意义。家族传承的祖训造就了日本很多传承百年的家族企业。

亚力克·福奇（Alec Foege）在《工匠精神》一书中对日本的长寿企业㊁进行了统计，数据显示连续经营百年以上的企业多达25 321家，连续经营200年、300年、500年和1000年以上的企业数量分别是3937家、1938家、147家和21家。从国家层面来讲，日本被称为长寿企业大国的主要原因有以下三点：第一，日本企业很早就在内部摸索出了一套较为现代化的管理体系和制度，并长期用于企业管理的实践；第二，企业经营所处的市场环境长期持续地呈现出缓慢成长的态势；第三，日本企业具有使家业延续下去的坚强意志，企业负责人把延续家业看作最大的职责，以确保家业能顺利传承。

日本长寿企业的一个最显著的表现就是追求工匠精神的决心和价值

㊀ 麦克莱恩. 日本史 [M]. 王翔，朱慧颖，王瞻瞻，译. 海口：海南出版社，2020.
㊁ 长寿企业指的是创立百年以上且目前依旧存活的企业。

观，我们称之为"愚直"，这种将工匠精神发挥到极致的行为，也将企业的发展带向了卓越。长寿企业的另一个重要特征是企业与周边的社区及其所处的社会环境形成了一种稳固的信赖关系。企业不能脱离社会，且要融入社会，并不断强化社会责任。亚力克·福奇提炼出企业长寿的5个主要原因：关注社会的思维、长期导向、可持续的产品或服务、长期的利益相关者关系，以及一致的家族价值观。

5.3.2 日本的质量管理

1. 质量管理的引进

20世纪40年代，日本电话常发生故障，检查发现，电话故障往往是因为通信器材设备质量不良。1946年5月，日本电气通信工业界收到了采用新式质量管理的劝告，并得到了相应的指导。以此为契机，日本学者和技术人员组成质量管理调查小组，对美国的质量管理模式进行研究，并逐步引进了质量管理方法。戴明博士是美国著名的质量控制专家之一，是当时世界上以抽样调查为中心的统计法方面的权威人士，作为统计经营技术和质量管理专家，他在美国工业界享有极高声誉。出于对戴明质量管理理论的崇敬，日本科学技术联盟（JUSE）邀请戴明博士来到日本讲学。

戴明博士开设了八天质量管理课程，并做了演讲，之后又举行了"高级管理质量控制一日课程"。通过这些活动，戴明博士为主管、经理、工程师和研究人员透彻地讲授了统计质量控制的基础知识，系统介绍了美国的质量管理现状及他的质量管理基本思想，这给与会人员留下了深刻的印象，并为处于初期阶段的日本的质量管理提供了极大的助力。

戴明博士特别强调，企业的质量管理必须灵活应用管理图和抽样检验等统计方法，并将其质量管理的基本思想表示成戴明环，即企业在生产方面，在重视产品质量、对质量认真负责的基础上，进行认真调查、研究用户对产品质量的要求；开发、设计满足用户要求的优质产品；按设计要求制造产品；将产品销售给用户，并在做好售后服务的基础上开展调查用户满意度等活动。企业应反复进行上述四步，为"用户满意"和产品质量提升而不断努力。企业通过这一循环赢得用户的信任，从而就能够持久地繁荣和发展下去，这就是戴明环的基本思想。这一基本思想为以后日本广泛应用统计质量管理和创立独特的TQM奠定了理论基础。日本企业充分吸取并把它应用于企业质量管理领域。

2. 戴明对日本企业的影响

戴明博士在日本改变最成功的就是丰田汽车。当年，美国福特一直以汽车行业的老大自居，尽管生产的汽车都是黑色的，依然畅销无阻。戴明博士看到其中的商机，将质量管理理念导入丰田汽车，让它站在客户的立场思考问题，满足客户需求，进行个性化生产。从"我有什么，你就买什么"到"你要什么，我就生产什么"，这一理念不仅让汽车告别了单一而沉闷的黑色时代，也成功地让汽车进入个性化生产时代。

丰田汽车原本质量堪忧，但在戴明博士的帮助下崛起。丰田在1935年制造出第一辆汽车，但起初质量并不好，尤其是卡车大量滞销。日本科学技术联盟邀请戴明博士访问日本期间，组织了控制日本80%资本的21位企业家来听课，其中就有来自丰田汽车的企业家，他之后成为戴明博士极为优秀的学生之一，开始在质量管理体系下采取系统的方法解决质量问题。吸收采用戴明环的思想后，丰田汽车在质量精细化上"一路狂奔"，1966年第一代卡罗拉轿车上市，开启了丰田汽车长达半个世纪的前进之路，卡罗拉至今仍是全球极为畅销的车型之一。随后，丰田汽车旗下的明星车型陆续涌现，如凯美瑞、雷凌、RAV4和雷克萨斯等。20世纪80年代，美国汽车厂商做新品研发要60个月，丰田汽车只要30个月；美国厂商的平均库存量是2周的，而丰田汽车仅为2小时的，这种精益制造带来的效率让美国人都感到震惊。2012～2015年，丰田汽车连续四年夺得全球销售冠军，年销售规模超过千万辆。

5.3.3 戴明奖

1. 戴明奖的设立

戴明博士的八天课程内容被汇编成《戴明的质量统计控制讲座》，戴明博士将特许权使用费捐赠给了JUSE。为了感谢戴明博士的慷慨大义，时任JUSE常务董事小柳贤一先生提议用它来设立一项奖项，用来永久纪念戴明博士为日本质量管理发展做出的巨大贡献和与日本企业家的深厚友谊，并促进日本质量管理的持续发展。收到建议后，JUSE董事会一致通过了建立戴明奖的决议。1951年戴明奖委员会成立，设立了戴明奖和戴明应用奖，戴明博士被任命为委员会的名誉主席。此举进一步促进了日本企业实行质量管理的热情。后来，戴明博士的著作《样本分析》在日本出版，他将版税又捐赠给了JUSE。自此，戴明奖获得了长足发展。

自1951年以来，戴明奖的评奖依据几经变化，推动了戴明奖的不断发展。获得戴明奖的企业，都积极按照评审标准和要求，根据企业的特点、环境，持续完善和改进企业的质量管理方法，其产品质量和服务得到有效提高，从而刺激更多企业积极开展TQM活动，以提升企业竞争力。因此，戴明奖评价标准也被视为是企业持续改进、创新发展和变革的工具。最新版的戴明奖评价标准包括：第一，建立业务目标和战略，高层管理人员有效领导；第二，适当使用和实施 TQM；第三，TQM 的效果良好。

2. 戴明奖对日本质量管理的推动

戴明质量管理是日本企业打造现代意义工匠精神的功臣，因而日本经济振兴被视为一次成功的质量革命，没有戴明博士就没有今天的日本制造，在丰田公司总部大堂，戴明博士照片和创始人及现任总裁照片挂在一起以示感谢纪念，日本专门设置的戴明奖，则是日本质量管理的最高荣誉。

戴明奖的设立直接或间接地对日本质量管理的发展产生了不可估量的影响，极大地带动了日本质量管理的发展。申请戴明奖的企业寻求能够满足其业务环境需求的新质量管理方法，这些企业制定了有效的质量管理方法，建立了实施方法并付诸实践。通常，那些挑战该奖项的组织拥有宝贵的经验，通过质量改进实现业务成功的管理原则确实奏效。通过见证这些企业的成功，许多企业受到启发，开始追求质量管理。

对于获得戴明奖的企业来说，其质量管理的方式将不再是秘密，需要向别的企业公开。如有企业欲挑战获得戴明奖的企业，可以到获奖企业参观学习。为此，那些被授予戴明奖的企业，会收到各种各样的邀请，以"我们公司的质量管理"为主题进行演讲。此外，获奖企业还要接受并安排其他企业的来厂参观请求，回答各种各样的提问，并与到访者进行交流沟通。戴明奖是一种荣誉，更代表一流的竞争力，是日本企业竞相追求的目标。

日本企业将戴明奖当作动力和桥梁，积极运用和推广质量管理活动，从 1960 年起，日本每年 11 月开展质量月活动，旨在提高全民质量意识，结合日本自身国情学习吸收国外先进经验，形成独特的质量管理方式。依靠质量这一利器，日本在 20 世纪 70 年代的能源危机和日元升值中成功脱身。同时，经过几十年的努力，日本企业的产品质量以及经济效益都得到了改善加强，形成了竞争力，取得了令人瞩目的经济成就。

战后的日本经济是以质量管理为突破口的，推动日本成为拥有世界一流产品品质的国家则要归功于戴明博士，其管理哲学是日本经济奇迹背后的驱动力，戴明奖的设立则推动了质量管理在日本企业的广泛应用和创新，成为战后日本经济崛起的一大原因。

5.4　工业卓越奖

工业卓越奖（Industrial Excellence Award, IEA）由欧洲工商管理学院（INSEAD）和德国奥托贝森商学院（WHU）于 1995 年创立，旨在为提升欧洲工业和服务业的竞争力制定管理质量标准。工业卓越奖有以下 7 个特点。

第一，工业卓越奖是世界上唯一一个以教学案例研究的形式评选的竞赛，文章发表在《加利福尼亚管理评论》《哈佛商业评论》和《商业评论》各版本中；学术文章出现在知名的学术期刊上，如《运营管理杂志》《管理科学》《制造与服务运营管理》和《生产与服务运营管理》。文章主题集中于公平流程领导力和员工敬业度，自上而下和自下而上的战略制定和部署，以及创新的运营和服务管理实践上。

第二，工业卓越奖的研究侧重于业务部门层面可持续增长的驱动因素。组织通过设立共同的战略目标，结合不同层级的活动和知识实现生产力的提高，利用所有员工的创造力和执行战略项目，迅速将顶级管理团队与追随者拉开距离。

第三，工业卓越奖认可所有员工在战略创新和执行方面的贡献，这是独一无二的。

第四，工业卓越奖接受来自制造业和服务业的领先企业（包括初创企业）报名，从而为跨行业和跨国家的最佳运作模式制定标准。

第五，工业卓越奖发放的调查问卷促进了知识转移，并成为工业转型的标杆。这些决策标准来源于严格的科学研究和分析，即使在高成本地区也能实现可持续的业务增长。调查问卷篇幅较短，并且每年更新，以反映最新的管理见解。

第六，工业卓越奖自成立以来，在欧洲各地发展壮大，目前得到了13所顶级商学院的支持。

第七，工业卓越奖对所有数据严格保密，不追求任何隐藏的商业利益。

"管理—质量"是由工业卓越奖的创立机构和众多研究人员共同开发的国际公认的框架和评估工具。它主要分析的类目是企业的业务部门及其核心流程：运营战略制定和部署、供应链管理、服务管理、新产品和流程技术开发。"管理—质量"框架实施内容包括：战略制定和调整、授权、整合、参与、绩效衡量、沟通和员工发展。优秀的制造和服务公司通过将"管理—质量"应用于其核心流程，从而实现高产量增长和卓越的客户满意度。

工业卓越奖可以应用于绝大多数商业环境，包括行业或国家。工业卓越奖始终跟随时代调整其战略目标，其研究方向从精益管理转为供应链协作和集成以及运营战略的制定和部署，最新版本则侧重于自上而下和自下而上的数字企业战略创新和部署。

2018年工业卓越奖的获奖者是柏林的HelloFresh。HelloFresh能够通过大量数据分析和数字化应用，以正确的价格、正确的数量、正确的时间和正确的位置为客户提供正确的产品。这五大价值驱动因素的效果是无与伦比的，与传统的零售连锁模式相比，这种商业模式的核心是供应链功能，它通过规模经济和快速传递跨国家和跨行业的流程信息，极大地促进了公司的成功，入站和出站流程得到很好的控制，同时对餐包组装流程、使用过的包装材料回收以及产品本身不断进行创新和改进。

初创企业HelloFresh坚持长期以客户为中心，建立高速B2C供应链覆盖整个国家和地区，使用数据分析进行智能规划和创新，成为快速增长型企业的典范。

5.5　新加坡质量奖

新加坡质量奖（Singapore Quality Award, SQA）启动于1994年，所有公共和私人组织（行业协会和专业协会除外）都可以申请评选新加坡质量奖，私人组织必须在新加坡有主要运营业务，子公司和母公司不得在同一年同时申请该奖项。新加坡质量奖是新加坡卓越经营计划之一，卓越经营计划致力于将新加坡建设成为一个世界级卓越经营的国家，它以美国波多里奇奖、EFQM卓越奖和日本戴明奖作为参照标准。

新加坡卓越经营计划到2019年共评选了25年，并从2020年起不再评选。在这25年里，有2000多家组织通过了卓越经营计划相关认证，这些企业在经营管理和实践过程中对组织管理、系统和流程等方面形成了卓越的管理经营模式。新加坡质量奖管理委员会主要负责人评估后认为，卓越经营计划已经实现了向组织灌输卓越经营理念的目标，因此决定于 2020 年结束这项计划。虽然卓越经营计划作为一项认可计划已经结束，但是卓越经营的思维方式和管理实践模式却留存了下来。这些年积累下来的卓越管理体系和经营框架今后也会不断影响优秀的企业和机构，对于实施卓越的质量管理有着较高的参考价值。

新加坡质量等级（Singapore Quality Class, SQC）体系于 1997 年推出，是为了表彰在商业发展过程中取得卓越绩效水平的组织，获得 400 分及以上的组织将被邀请加入新加坡质量等级体系，得分超过 700 分的组织将获得新加坡质量奖。新加坡质量特别奖用于专门表彰已获得新加坡质量奖的组织，以表彰他们对卓越管理的更高追求，这是最高奖项，它要求组织在 1000 分制中获得至少 800 分。

新加坡质量奖主要关注以下几个方面。

- 领导力和质量文化（Leadership and Quality Culture）。重点是高层管理人员的承诺和员工对于个人目标的认知，创造和维持企业价值和管理体系。
- 信息和分析的使用（Use of Information and Analysis）。重点是使用数据和信息提高运营和竞争能力。
- 战略规划（Strategic Planning）。重点是明确组织的战略目标以及如何将关键指标整合到整体业务规划中。
- 人力资源开发和管理（Human Resource Development and Management）。重点是组织中员工的管理和发展。
- 流程质量管理（Management of Process Quality）。重点是关

注组织如何管理业务流程，提高管理质量和运营绩效。
- 质量和运营结果（Quality and Operational Results）。重点是改进质量和运营绩效的水平和发展趋势。
- 客户关注和满意度（Customer Focus and Satisfaction）。重点是组织对客户市场需求的关注度、与客户的关系以及客户满意度。

PART 3
第3篇

卓越绩效模式

CHAPTER 6 | 第 6 章

卓越绩效模式与中国质量奖

兵无常态，水无常形。管理的魅力就在于从离散中找规律，在科学中求艺术，在柴米油盐中看到诗和远方。别人的成功虽不能简单复制，但是底层逻辑和规律完全可以分享。卓越绩效模式自诞生以来就是成功经验的总结，也可以说是一种通用的管理评价模式。90%以上的小微企业活不过三年，我们看到的成功企业一旦松懈或者战略出现偏差，从辉煌到衰落，转瞬即至。很多企业家、管理者和学者都在苦苦追寻管理之道，但相比于高深的理论，能够落地实施的实用方法其实更为需要。质量管理U形曲线的研究成果显示，卓越绩效模式不仅仅适用于大型企业，更适用于初创企业。从全国质量奖、各省质量奖和行业质量奖评审实践来看，诸多成功企业自初创期就把卓越绩效模式作为经营之道，这些最佳实践、管理方法、经营理念是人类社会的宝贵财富，值得研究、学习和借鉴。

6.1　卓越绩效模式在中国的引进及应用

自1978年起，国内企业在政府的倡导和推动下，引进和实施TQM。为了鼓励企业开展TQM，提高产品质量和管理水平，1987年，ISO 9000族标准发布并被我国转化为国家标准，在认证制度的推动下，我国企业开始按ISO 9001标准建立和运行质量管理体系，客观上起到了规范和建立一个满足顾客要求的质量管理体系的作用。随着认证的广泛开展和获证企业、复评企业的增多，"认证之后怎么办""如何进一步提高质量管理体系的有效性和效益"等成为摆在我国企业面前必须面对和思考的问题。

为了引导和帮助广大企业进一步完善质量管理体系，提高质量管理水平，在政府主管部门的指导支持下，中国质量协会展开了对卓越绩效模式的研究、探索和小范围质量奖评审试点工作，推动企业学习、应用卓越绩效模式。1993年，我国颁布了第一部有关质量的法律——《中华人民共和国产品质量法》。该法规定："对产品质量管理先进和产品质量达到国际先进水平、成绩显著的单位和个人，给予奖励。"1996年，国务院颁布的《质量振兴纲要（1996年—2010年）》提出"依照《中华人民共和国产品质量法》的有关规定，建立质量奖励制度"。根据以上规定和要求，在引进学习和总结试点经验的基础上，中国质量协会于2001年正式启动了"全国质量管理奖"㊀计划，参照世界各国质量奖的评价标准和评审程序，制定全国质量管理奖的评审标准和工作流程，每年表彰在质量经营方面表现卓著的申报企业。实践表明，全国质量奖的设立极大地促进了企业建立追求卓越的意识，提高了企业管理的整体水平和产品、

㊀　2006年更名为"全国质量奖"。

服务质量，也为广大企业提供了标杆学习和相互借鉴的机会，受到广泛的拥护。

6.2 《卓越绩效评价准则》与 ISO 9000 族标准

随着外界环境的快速变化和市场竞争的加剧，任何组织的管理都越来越依赖系统的方法，通过构造有机的、协调一致的管理体系，对所有关键活动进行持续的管理、控制和改进，以达成组织的目的。实现经营管理的目标 ISO 9000 族标准和卓越绩效评价准则都是关于管理体系的准则，但它们的目的不同，适用范围和要求不同，因此，对于组织经营管理所发挥的作用也不同。

ISO 9000 族标准是国际标准化组织制定的关于质量管理体系的一组国际标准，自 1987 年问世以来，相继被世界各国接受和采用。其中关于质量管理体系的标准是 ISO 9001 和 ISO 9004，两个标准的应用范围和目的都有所不同。

《卓越绩效评价准则》（GB/T 19580—2012）与 ISO 9000 族标准产生于同一时期，是建立在大质量概念上的质量管理体系，它以结果为导向，关注组织经营管理系统的质量，致力于让组织获得全面的、良好的经营绩效。与 ISO 9000 族标准推荐的两个质量管理体系相比，《卓越绩效评价准则》的内容更全面、更系统，包括组织经营管理的方方面面，关注范围已扩展到经营质量范畴，强调社会责任、战略策划和经营结果，反映了现代质量管理的最新理念和方法，为组织提供了追求卓越的经营管理模式。《卓越绩效评价准则实施指南》（GB/Z 19579—2012）用量化的方法全方位、平衡地诊断评价组织经营管理的成熟度，为组织的自我评价和外部评价提供了很好的依据。此外，卓越绩效评价与管理体系审核也有本质上的不同，前者属于诊断式的评价，从管理的效率和效果入手，旨在发现组织最强和最需要改进的方面；后者则是对过程的合格评定，从符合性入手兼顾有效性，重在发现实践与规定要求之间的偏差。

从 ISO 9001 到 ISO 9004 所代表的质量管理体系模式，到《卓越绩效评价准则》所代表的质量管理体系模式，反映出质量概念从对规范的"符合性"到满足顾客要求的"适用性"，从狭义的"产品质量"到"过程质量"，再到"管理系统质量"的演变发展过程。ISO 9001 提供了一个满足顾客要求，增进顾客满意度的基础管理规范，主要聚焦于组织中最直接地影响着产品质量的那些职能和过程管理活动。但是组织要获得最终成功，必须关注各利益相关方的需求和期望，全面系统地管理组织的所有过程。ISO 9004 可以指导组织建立一个更加全面、完整的质量管理体系，为组织架起一座由顾客满意通向全面优秀经营的桥梁，有效应用 ISO 9004 能帮助组织完善质量管理体系，提高各项活动的有效性和效率。组织可在有效应用 ISO 9000 族标准的基础上实施卓越绩效模式，提升结果导向和社会责任，不断健全经营管理体系，持续提升管理成熟水平，以适应现代市场竞争环境的要求，取得良好的经营绩效。

6.3 政府质量奖励

政府质量奖励是各级政府为了表彰在质量领域做出突出贡献的组织和个人所给予的物质的或精神的奖励。国内政府质量奖励分为国家级、省级、地市级和区县级。其中，中国质量奖是中国质量领域的最高荣誉，各级地方政府质量奖是由各地方政府设立的最高质量荣誉，主要授予当地实施卓越绩效管理模式，有广泛的社会知名度与影响力，在领域内处于领先地位，取得显著经济效益或社会效益的组织或个人。

政府质量奖励作为一种行政管理手段，越来越受到包括西方主要国家在内的各级政府的重视。质量激励政策和质量惩戒政策相辅相成，共同成为影响行为的有效手段。我国在政府质量奖励制度建设方面已经取得了丰硕的成果，截至2021年11月底，国内除中国质量奖外，还设有全国质量奖及多个行业类质量奖。

6.3.1 中国质量奖

2012年7月，我国正式设立中国质量奖。中国质量奖的评审表彰工作由国家市场监督管理总局负责组织实施，旨在表彰为建设质量强国做出突出贡献，在创新质量管理、提升质量水平等方面具有显著示范带动作用的组织和为中国质量发展事业做出突出贡献的个人。评奖周期为两年，分为中国质量奖和中国质量奖提名奖。质量奖每次不超过10个，提名奖每次不超过90个。按照中央部署，国家市场监督管理总局牵头组织中国质量奖的评选表彰工作。

2021年3月3日，国家市场监督管理总局令第36号公布最新修订的《中国质量奖管理办法》，自2021年5月1日起施行。与2015版相比，2021版《中国质量奖管理办法》共5章40条，主要修订内容如下。

一是调整评选表彰工作各环节实施主体。将条款中涉及"国家质量监督检验检疫总局"或"质量工作主管部门"的表述，对应修改为"国家市场监督管理总局"或"市场监督管理部门"。国家市场监督管理总局主要负责中国质量奖的管理工作，包括审定获奖建议名单、发布表彰决定等，中国质量奖评选表彰委员会负责受理、评审、表彰工作的组织实施。明确评选表彰委员会由质量管理领域专家学者、有关主管部门相关人员、企业家以及消费者代表等组成。

二是进一步明确奖项名额和申报要求。明确了中国质量奖名额每届不超过 10 个组织和个人，中国质量奖提名奖名额每届不超过 90 个组织和个人。对参评组织和个人增加了政治要求，并对参评组织细化增加质量管理模式成熟度以及制定质量战略、建设质量文化等要求。严格涉密管理，明确申报材料不得涉及国家安全、国家秘密。涉及商业秘密的，应当予以注明。

三是进一步完善评审工作流程。优化评审程序，根据实践情况，将现场评审、陈述答辩的顺序进行调整，陈述答辩之后再现场评审。明确在申报组织和申报个人所在单位、申报材料接收单位以及产生受理名单、候选名单、建议名单后均要进行公示，各公示环节时限不得少于 5 个工作日。完善异议程序，由评选表彰委员会对异议进行调查，将异议处理结果书面告知异议人，并通报出具审核意见的单位。

四是进一步严格监督管理。严格退出机制，获奖组织和个人以欺骗、贿赂等不正当手段获奖的，撤销奖励，不予受理，其申报时限由 5 年延长到 10 年。将获奖组织和个人 2 年内发生撤销奖励情形的时间增加到 5 年。禁止以获奖名义从事营利性活动，明确获奖组织和个人不得将中国质量奖用于产品、服务的标识或者产品、服务的质量宣传，不得出售、出租证书、奖牌或者奖章，或者将其用于从事其他营利性活动。

五是进一步突出奖项示范引领作用。增加中国质量奖宗旨条款，明确中国质量奖旨在推广科学的质量管理制度、模式和方法，促进质量管理创新，传播先进质量理念。强化奖项宣传推广的功能，明确获奖组织和个人应当积极宣传推广质量管理制度、模式、方法。省级市场监管部门以及国家市场监督管理总局委托的社会团体、行政机关应当按照职责，组织开展质量管理交流推广活动。

《中国质量奖管理办法》修订后，进一步完善了我国国家质量奖励制度，更好地发挥了中国质量奖的导向作用，引导全社会牢固树立质量第一的强烈意识，带动先进质量管理方法的推广运用，助力质量强国建设和高质量发展。

6.3.2 全国质量奖

全国质量奖是对实施卓越的质量管理，并在质量、经济、社会效益等方面取得显著成绩的组织或个人授予的质量相关的荣誉。全国质量奖是由中国质量协会承办的，于2001年首次举办，全国质量奖是国内最早的关于质量方面的奖项，2001～2017年每年举办一届，2018年开始调整为每两年一届。

全国质量奖的奖项设置包括组织奖、卓越项目奖、个人奖三大类。组织奖面向制造业、服务业、工程建设业、医疗机构、教育机构等国民经济行业中的各类组织，根据组织管理成熟度水平分为全国质量奖、全国质量奖提名奖、实施卓越绩效先进组织。其中全国质量奖的获奖组织数量原则上不超过20家。组织奖评审依据《卓越绩效评价准则》。卓越项目奖面向航空航天、电子信息、高端装备制造、生物医药、新材料及应用、节能环保与资源综合利用、新能源、现代交通、城市建设与社会发展、新型基础设施等各类重大项目，根据项目管理成熟度分为卓越项目奖、卓越项目奖提名奖，其中卓越项目奖的获奖数量原则上不超过10

个，卓越项目奖的评审标准为《全国质量奖卓越项目奖评审标准》。个人奖分为"中国杰出质量人"和"中国质量工匠"两项。"中国杰出质量人"授予对我国质量事业有突出贡献的企业家、质量专家以及质量工作推进者，获奖者原则上不超过 10 人；"中国质量工匠"授予恪守职业操守、崇尚精益求精，在本职岗位上为质量提升做出非凡努力，取得突出成绩的各行业一线工作者，获奖者原则上不超过 20 人。个人奖的评审标准参考《全国质量奖（个人奖）评选管理办法（2020 年修订）》。

全国质量奖 2001 年启动伊始，由工作委员会办公室组织质量专家组起草了全国质量奖评审标准。为使全国质量奖评审工作与国际接轨，经多方面征求意见，2003 年评审标准进行了修订，基本以波多里奇奖的卓越绩效模式标准为主，结合我国的实际情况进行了适当的调整。比如在"高层领导的作用"一节中加入"如何恪守诚信经营等道德规范"相关内容；对"资源"的解释范围扩大到人力资源、财务资源、基础设施、信息、技术、相关方关系；在过程有效性结果中加入描述战略和战略规划完成情况的主要测量结果，等等。

2004 年 9 月 2 日，《卓越绩效评价准则》国家标准正式发布，该标准适用于质量奖的评价和企业的自我评价。经全国质量奖工作委员会讨论，审定委员会审议决定，自 2005 年起，全国质量奖评审标准采用此国家标准。

2012 年 3 月 15 日，新修订的《卓越绩效评价准则》国家标准正式发布。从 2013 年起，全国质量奖评审采用修订的《卓越绩效评价准则》国家标准，该标准也是当前国内主流地方政府质量奖评选的主要标准。

标准的评价要求分为七章，内容为：领导，战略，顾客与市场，资源，过程管理，测量、分析与改进，结果。

6.3.3 全国各行业质量奖评比情况介绍

1. 全国纺织行业质量奖

2012年,中国纺织工业联合会设立了全国纺织行业质量奖和实施卓越绩效模式先进企业奖,对多年来在质量管理方面常抓不懈并取得优异成果的企业进行表彰。在行业内落实《卓越绩效评价准则》,最终目的是让企业质量管理标准化、正规化、国际化,缩小与国际领先企业的差距。

2. 全国商业质量奖

全国商业质量奖于2004年由中国商业联合会设立。全国商业质量奖审定等同采用了《卓越绩效评价准则》和《卓越绩效评价准则实施指南》作为评价依据。《全国商业质量奖评审管理办法(试行)》规定此奖项每年评选一次。

3. 全国机械工业质量奖

全国机械工业质量奖是2010年经国务院批准设立的机械工业行业质量管理奖。奖项由中国机械工业质量管理协会组织,按照《卓越绩效评价准则》进行评审,对获奖组织给予质量奖励基金。全国机械工业质量奖每年评选一次,是对国内实施卓越绩效管理,并在质量、经济和社会效益等方面取得显著成绩的机械行业企业授予的质量管理方面的最高奖项。

6.3.4 国内各地方政府质量奖动态

随着卓越绩效模式在全国迅速传播,以及全国质量奖的影响力逐步扩大,各地方政府也纷纷设立质量奖,并将其作为地区性的最高质量管理奖项，旨在提高本地区企业的质量经营管理水平，力求实现企业卓越经营，成为行业标杆。我国各地方政府质量奖已实施多年，在推进各地方企业 TQM 水平的提高，增强企业的核心竞争力方面都起到了积极的作用。经统计，截至 2021 年 11 月底，全国共有 31 个省、直辖市、自治区（不含港澳台地区）设立了省级政府质量奖；333 个地级行政区中有 276 个设立了地级政府质量奖，设立占比达到 82.9%。

CHAPTER 7 | 第 7 章

《卓越绩效评价准则》的应用和实践

记得在 1998 年，我第一次系统学习卓越绩效评价准则，是美国质量协会在北京办班，我去学习了 5 天，最后考试通过还给了一张证书。学完之后我还是迷迷糊糊的，这些英文标准翻译过来，总是很生涩，也不容易理解。后来我所在的企业开始系统导入卓越绩效模式，在专业老师的指导下，最终在 2002 年获得了全国质量奖。后来我也有幸成为一名质量奖评审员，在差不多 20 年的时间里，评审了 100 多家世界 500 强企业，期间也和波多里奇奖的评审员一起评审过大型企业，和新加坡质量奖评审员交流评审技术，多次访问欧洲标准化机构和质量组织，了解 EFQM 卓越奖企业在标准应用实施方面的实践案例。因此我先后从三个视角来学习理解和应用了这套标准。第一个视角，作为企业管理者，应系统推动企业贯彻这套标准体系。第二个视角，作为评审员，应用这套标准来评审企业。第三个视角,作为研究者,看这套标准和企业管理其他体系的关系。无论从哪个视角,我都发现,质量管理 U 形曲线无处不在,很多人都认为质量管理虽好,但太难、太贵,或者认为这件事情没那么急。其实,当下最重要。追求卓越不是未来的事情,企业需要马上行动。这章内容将帮助初学者更好地理解标准、应用标准,推动企业从优秀到卓越。

《卓越绩效评价准则》建立在以下 9 条相互关联的基本理念之上:远见卓识的领导,战略导向,顾客驱动,社会责任,以人为本,合作共赢,重视过程与关注结果,学习、改进与创新,系统管理。这些基本理念反映了国际上最先进的经营管理理念和方法,也是许多世界级成功企业的经验总结,它们贯穿于《卓越绩效评价准则》的各项要求之中,应成为企业全体员工,尤其是企业高层经营管理人员的理念和行为准则。

本章通过两个重要的视角分析提升质量管理对于企业管理的价值。第一个重要的视角是企业内部的人,包括企业的高层领导和各级管理者,通过卓越绩效评价标准和实施指南给出做卓越企业的架构。第二个重要的视角是企业外部的人,包括顾客和主要相关方,从质量认证机构和质量奖评审员的视角,对一个组织进行科学的评价,通过评价找到组织经营管理的优势和改进空间,提升组织的管理成熟度,增强质量改进效果和创新力。

7.1　卓越绩效模式的基本理念

7.1.1　远见卓识的领导

领导力是一个组织成功的关键。组织的高层领导应确定组织正确的发展方向和以顾客为中心的企业文化，并提出适合组织的战略目标，明确组织战略发展的路线图，清晰地回答"我是谁""我在哪里""我要去向何方"。组织的愿景、战略目标应体现其利益相关方的需求之中。高层领导应建立组织追求卓越的战略、管理系统、方法和激励机制，激励员工和所有利益相关方共同努力，实现组织的愿景和战略目标。

高层领导应通过治理机构对组织的道德行为、绩效和所有利益相关方负责，并以身作则、身体力行，通过强化组织的文化、价值观等企业文化，提高员工对组织的忠诚度，带领全体员工实现组织的目标。

团队建设可以说是组织发展的永恒主题，对于一个好的团队来说，沟通是特别重要的。大家都知道有一个现象叫作沟通漏斗：一个人想说的事情，能表达出来的只有80%，能被别人听到的只有60%，真正被人听懂的只有40%，三天后能被记住的只剩下20%，再过一段时间基本就被忘光了。

针对如何提升团队沟通效率和沟通质量，我在2012年时系统地学习了团队建设的相关知识，取得了客服团队建设的五个障碍的认可导师资格。课程中的大部分内容主要是基于行为的统计学研究成果，还有就是基于心理学的研究成果。

这里介绍一个非常实用的乔哈里资讯窗模型。乔哈里资讯窗也被称为"自我意识的发现—反馈模型"，或者"信息交流过程管理工具"。它实际上包含的交流信息有情感、经验、观点、态度、技能、目的、动机等，作为这些信息主体的个人往往和某个组织有一定的联系。乔哈里资讯窗有四个象限。

▶ 第一象限：公开区（Open Area）。这里是自己知道，别人也知道的资讯。例如你的名字、着装、身高等。想要增强团队沟通效率，扩大公开区是非常重要的。

- 第二象限：盲区（Blind Spot）。这里是自己不知道，别人却知道的盲区。例如你的处事方式，别人对你的感受。
- 第三象限：隐蔽区（Hidden Area）。这里是自己知道，别人不知道的秘密。例如你对某些事情的看法等。
- 第四象限：未知区（Unknown Area）。这里是自己和别人都不知道的资讯。未知区是尚待挖掘的黑洞，它对其他区域有潜在影响。

乔哈里资讯窗的四个象限给我们的启示是要尽可能扩大公开区，减少盲区、隐蔽区和未知区，这就要用到更多的团队建设方法。作为组织的领导者和管理者，带团队的能力至关重要。透过现象看本质，通过事情找规律，不断学习与实践，就会事半功倍。

7.1.2 战略导向

在面临复杂多变的竞争环境时，组织要充分发挥战略的引领作用，确保组织业务的连续性，有效识别和规避风险，抓住战略机遇，让组织的利益相关方——股东、顾客、员工、供应商和合作伙伴、社会公众对组织建立长期信心。

组织应分析、预测影响组织发展的内外部因素，制定长期发展战略和目标，例如股东和顾客的期望、新的商机和合作机会、员工的发展和聘用、新的顾客和市场细分、技术的发展和法规的变化、社区和社会的期望、竞争对手的战略等，战略目标和资源配置需要适应这些影响因素的变化。要通过长期规划和短期计划部署战略，以保证目标的实现。组织的战略要与员工和关键供应商沟通，使员工和关键供应商与组织同步发展。组织的持续发展还需要实施有效的领导层继任策划，创造机会，关注应承担的社会责任。

  谈到战略，人们关注得比较多的就是不确定性，有人也提出了要拥抱不确定性。确实外部环境的变化会让企业承受非常大的压力。我们该如何思考和定位企业的战略呢？从管理学的视角来看，制定战略有很多方法：外部环境分析、内部环境分析、关键成功因素分析、PEST、SWOT……有时不好取舍。有这样一种说法：管理学是来源于经济学的，经济学是来源于哲学的，如果我们将思考方式提升一个维度，很多事就变得特别简单了。过去近20年我多次聆听林毅夫老师的新结构经济学课程，后来也尝试用新结构经济学做了一些粗浅的产业发展研究。从新结构经济学的视角看企业发展战略，有三个重点：第一是要素禀赋，如果企业要做一件事，应先分析这个领域是否具有要素禀赋；第二是比较优势，同样做一件事情，如果你有更高的质量、更低的成本、更好的技术，那么你就有比较优势，战略上就有主动权；第三是企业自生能力，就是企业家精神、管理成熟度、企业成长的力量。做任何事都不是一帆风顺的，明确战略、谋定后动、坚定信心、奋发有为，任何时候都是最正确的选择。

7.1.3 顾客驱动

  顾客驱动是质量管理的重要原则和理念，除了在文化理念层面的重视外，组织要认识到质量和绩效是由顾客评价和决定的。所有的组织变革和创新都应该以顾客为中心，考虑组织的产品和服务如何为顾客创造价值，达到顾客满意，提升顾客忠诚度，并由此提高组织绩效。

组织既要关注现有顾客的需求，还要预测未来顾客的期望和发掘潜在顾客。顾客驱动要体现在组织运作的全过程，因为很多因素都会影响到顾客感知的价值和满意度；组织要与顾客建立良好的关系，以增强顾客对组织的信任、信心和忠诚；在预防缺陷和差错产生的同时，要快速、热情、有效地解决顾客的投诉，留住顾客并驱动组织改进。在满足顾客基本要求基础上，组织要努力掌握新技术和竞争对手的发展情况，为顾客提供个性化、差异化的产品和服务；对顾客需求变化和满意度保持敏感，做出快速、灵活的反应。

前面我们提到过感知质量的重要作用，感知质量的核心是顾客。我们提供产品或服务都以顾客作为原始动力，帮助企业走正确的可持续发展之路。顾客驱动在帮助企业达成卓越绩效的同时，也为行业的发展指明了方向。观察各行业领先企业的发展历程不难发现，每一个重要的社会进步节点都是以提高人们生活质量、改善人们生活环境为目的的。

亚马逊是一家专注于电子商务、云计算、数字信息化媒体和人工智能的美国科技公司。它被称为"世界上最具影响力的经济和文化力量之一"，是世界上最有价值的品牌之一。亚马逊成立于1994年，最初是一家在线网络书店，现已扩展到多种产品类别，目前已成为全球品类最多的网上零售商和全球第二大互联网公司。亚马逊在技术创新和人类发展史上起到了重要作用，除了网络云计算、数字化服务、自动驾驶汽车技术、卫星互联网系统、计算机软件硬件开发和庞大的互联网数据库以外，亚马逊也在不断扩充实体商店规模。

2016年12月5日，亚马逊宣布推出革命性线下实体商店Amazon GO，在2017年8月以134亿美元收购美国知名的有机超市Whole

Foods,并以 Amazon Fresh 作为全新品牌。2018 年 1 月 22 日,跨时代的无人超市 Amazon GO 正式向公众开放。Amazon GO 将顾客体验落实到极致,顾客只需在进入超市时出示亚马逊账号,就像坐飞机出示登机牌一样,即可畅享全新的购物体验。"即拿即走"是 Amazon GO 的核心理念,不需要排队结账,也不需要扫描商品信息,顾客可随时从货架上挑选自己想要的商品,径直走出超市(Just Walk Out),顾客选购的商品会出现在亚马逊账号清单中,如果不想要某件产品,可以直接放回货架,Amazon GO 也会在虚拟购物车中将其自动删除。在这个环节中,超市货架起到重要作用,摄像头可以识别进店的每一位顾客,并通过后台数据实时跟踪,在虚拟购物车中更新产品信息。如果顾客绑定了信用卡,Amazon GO 还会在顾客完成购物后自动扣款。亚马逊在无人超市中应用了与自动驾驶汽车类似的技术:机器视觉、传感器技术和深度学习等。超市内布满了各种相机和麦克风,监控系统会随时跟踪商品信息,并通过多种技术手段确保不会造成顾客数据信息的紊乱。同时亚马逊还宣称在超市内要使用无线射频识别技术和感测融合技术保障多数据的融合及其准确性。

在数字化时代背景下,亚马逊不仅为新零售时代带来了全新的体验模式,还在提升人类生活质量方面不断探索。

7.1.4　社会责任

组织应注重承担对社会的公共责任,并履行相应义务。领导者应成为组织的表率,在组织的经营过程中,以及在组织提供的产品和服务的生命周期内,恪守商业道德,保护公众健康、安全和环境,注重节约资源。组织不应仅满足于达到国家和地方法律法规的要求，还应寻求更进一步改进的机会。要有发生问题时的应对方案，能做出准确、快速的反应，保护公众安全，并提供所需的信息与支持。组织应严格遵守道德规范，建立组织内外部有效的监管体系。

履行公民义务是指组织在资源许可的条件下，对社区公益事业的积极参与和支持。公益事业包括改善社区内的教育和保健、美化环境、社区服务、改善商业道德和分享非专利性信息等。组织对于社会责任的管理应采用适当的绩效测量指标，并明确领导的责任。

2015年9月25日，联合国可持续发展峰会在纽约总部召开，联合国193个成员国在峰会上正式通过了17个可持续发展目标。可持续发展目标旨在2015～2030年以综合方式彻底解决社会、经济和环境三个维度的发展问题，转向可持续发展道路，具体如下。

（1）在世界各地消除一切形式的贫穷。

（2）消除饥饿，实现粮食安全，改善营养和促进可持续农业。

（3）让不同年龄段的所有人过上健康的生活，促进他们的安康。

（4）提供包容和公平的优质教育，让全民终身享有学习机会。

（5）实现性别平等，增强所有妇女和女孩的权利。

（6）为所有人提供水和环境并对其进行可持续管理。

（7）每个人都能获得价廉、可靠和可持续的现代化能源。

（8）促进持久、包容性和可持续经济增长，促进充分的生产性就业，人人有体面工作。

（9）建造有抵御灾害能力的基础设施，促进具有包容性的可持续工业化，推动创新。

（10）减少国家内部和国家之间的不平等。

（11）建设包容、安全、有抵御灾害能力的可持续城市和人类居住区。

（12）采用可持续的消费和生产模式。

（13）采取紧急行动应对气候变化及其影响。

（14）养护和可持续利用海洋和海洋资源以促进可持续发展。

（15）保护、恢复和促进可持续利用陆地生态系统，可持续地管理森林，防治荒漠化，停止和扭转土地退化，避免生物多样性的丧失。

（16）创建和平和包容的社会以促进可持续发展，让所有人都能诉诸司法，在各级建立有效、负责和包容的机构。

（17）加强执行手段，恢复可持续发展全球伙伴关系的活力。

这 17 个目标和企业战略密切相关，也和个人相关。

7.1.5 以人为本

组织是以某种使命为出发点、由人构成的团体，为另外一群人提供产品和服务。组织应关注员工发展、工作和生活的需要，创造公平竞争的环境，对优秀者给予奖励；为员工提供学习和交流的机会，促进员工发展与进步；营造一个鼓励员工承担风险和创新的环境。

以人为本是卓越绩效评价准则的基本理念之一，员工是基本质量体系的重要组成部分。让顾客满意，首先要让员工满意。盖洛普组织曾对 36 家企业进行调查，表明员工满意度和契合度不但与顾客满意度和忠诚度正相关，还与企业的生产率、利润和安全系数正相关。因此，关注员工以及合作伙伴，对企业业绩有着决定性影响。尤其是对于建筑施工企业来说，安全是企业正常运行以及长期发展的一个重要指标，也是衡量一个项目是否成功的必要条件。降低事故率不仅是企业应承担的社会责任，更是以人为本的体现，企业在管理制度中，需要格外关注员工的安全、健康和各种环境中的安保设施及性能，从而降低员工受到伤害的概率，提高员工对于工作场所的满意度。每个企业都有其独特的企业文化，员工是形成企业文化的重要因素。研究表明，管理者必须明确团队构成机制，了解团队需求和团队工作目标，关注每一位员工的需求与能力，通过各种手段帮助员工实现价值。管理者要实时评估员工的效能、满意度和忠诚度，可以采取调查问卷或者私下交流的方式明确员工对于组织和团队的认识，从而获得真实的数据信息，这样企业才能成为一家真正以人为本的企业。

提高员工的工作能力不仅可以稳定企业业绩，同时也是帮助员工明确个人发展方向的重要手段。企业应该通过多种培训方式营造学习氛围，从而实现企业的高质量发展。丰田汽车通过学习提高服务质量，并提出了三阶段学习模型：第一阶段是线上学习，解决一些实际工作中可能会遇到的不同场景中的问题；第二阶段是研讨班课堂学习，学员通过与教师以及其他员工交流与沟通，提升工作能力；第三阶段又回到网上学习，学习者可以访问大量的在线支持工具和信息，通过前两阶段掌握的知识，提出针对性地解决问题的方法和工具，将所有实践应用与学习内容融会贯通，达到优质的学习效果。

7.1.6 合作共赢

在全球化发展多年后，尽管现在出现了一些逆全球化的现象，但是供应链和消费市场的深度融合和渗透，已经使组织与外部的顾客、供应商、分销商等其他相关方之间的关系越加紧密。随着数字化进程的加快，更大范围、更深层次的供应链细分和重塑，以及工业互联网的进一步发展，企业间的边界进一步模糊，组织间通过互利和优势互补建立长期合作伙伴关系，有利于组织进入新的市场领域，开发新的商品和服务，增强双方实力和获利能力。所以合作共赢已经可以分为产业层面、技术研发层面、供应链层面、生产制造层面和销售服务层面。

没有任何一家企业可以独立存活，纵观历史，我们可以发现，任何一家长期经营的企业都离不开合作伙伴的支持与。

7.1.7 重视过程与关注结果

组织要实现战略目标，需要根据战略识别过程、设计过程，然后进行过程的实施和改进，减少过程波动与非增值性活动，使关键过程与组织发展方向和业务要求保持一致。过程管理是一个组织核心能力的体现，从 PDCA 到 ADLI[一]，从传统管理到数字化管理，重视过程和关注结果是不变的逻辑。

组织的绩效评价应体现结果导向，关注关键的结果。经营结果不能仅体现为销售额和利润，应包括产品和服务、顾客与市场、财务、资源、过程有效性、社会责任等方面。这些结果能为组织关键的利益相关方——顾客、员工、股东、供应商和合作伙伴、公众及社会创造价值，并平衡各方的利益。

7.1.8 学习、改进与创新

建立学习型组织，培养学习创新的文化，随时和外界保持良性互动，

[一] 即"方法—展开—学习—整合"（Approach—Deployment—Learning—Integration）。

是组织发展创新的原动力。

组织要为构建学习环境投入必要的资源，使得各层级的学习成为日常工作的一部分，员工的创新成果、顾客的反馈意见、标杆企业和竞争对手的经验都是学习的内容之一。通过学习实现产品、服务的改进，开发新的商机，提高组织的效率，降低质量成本，组织才能更好地服务社会。

创新的社会学定义是指人们为了发展需要，运用已知的信息和条件突破常规，发现或产生某种新颖、独特的有价值的新事物、新思想的活动。创新的本质是突破，即突破思维定式、常规定律。创新的核心是"新"，或者产品的结构、性能和外部特征的变革，或者造型设计、内容的表现形式和手段的创造，或者内容的丰富和完善。组织创新意味着对产品、服务和过程进行有意义的变革，为组织和利益相关方创造新的价值，或者对技术进行颠覆性的革新，以及为下一代产品储备新技术等。

组织应对创新进行系统的管理，构建创新基础体系，学习和掌握创新的方法，使创新活动持续、有效地开展。组织应该建立用于创新的文化，宽容创新中的失败，通过创新实现持续的发展。

7.1.9 系统管理

从广义上说，组织是指由诸多要素按照一定方式相互联系起来的系统。从狭义上说，组织就是指人们为实现一定的目标互相协作结合而成的集体或团体，如党团组织、工会组织、企业、军事组织等，它具有明确的目标导向，精心设计的结构，有意识协调的活动系统，同时又与外部环境保持密切的联系。

任何基于组织的管理行为都是一个系统的过程，我们不可能孤立地看待组织中的一个部门，或者一个特定的产品，因为这些都是相互关联的，牵一发而动全身，《卓越绩效评价准则》强调以系统的观点管理整个组织及其关键过程。《卓越绩效评价准则》中 7 个方面的要求和基本理念构成了一个系统的框架和协调机制，强调了组织的整体性、一致性和协调性。

卓越绩效模式整体来说可以分为"两横一纵"，"两横"指的是企业战略的横向展开，包括业务战略和职能战略，进一步细分为关键绩效指标；"一纵"就是从组织愿景开始，向下到战略、顾客与市场、资源管理，再到过程管理，测量分析和改进，最终到经营结果。在卓越绩效模式中，系统管理给管理者提供了一个很好的框架，能够兼顾很多重要的管理条线，因为要实现一个目标，必须是多部门、多流程系统高效率运转的结果，最终达到顾客和其他相关方满意的目的。

这就是卓越绩效模式的 9 个重要理念。我有一个最简单的判断卓越组织的办法：就是看你所在组织的文化体系中是否包含了这些理念，如果都能适当地体现出来，就具备了卓越组织的一些基本特征了。当然，这 9 个理念也不是万能的，只是对过去成功企业经验的总结，面向未来，组织需要更加开放和创新。

7.2　组织概述

组织概述是一个组织综合情况的概述，也是对它高度的浓缩。就像一句老话："书开始越读越厚，最后越读越薄。"在我进行过几百家企业的质量奖申报资料评审和现场评审后，我发现能写明白这部分的企业事实上是非常少的。因此在学习《卓越绩效评价准则》之前，首先学习组织概述是非常有必要的，主要体现在以下四个方面。

第一，组织要回答我是谁？我从哪里来？到哪里去？这些哲学层面的思考在组织概述中应该很好地表达，也应该在组织运营过程中充分地体现，有时候企业走着走着，就忘了从哪里来，到哪里去了。

第二，组织概述反应组织的运营管理的关键要素，正所谓大道至简，要用最简单的语言把企业情况说清楚，包括产品、内外部环境、发展历史、企业文化、未来发展战略和社会责任等。我们会看到，卓越绩效模式贯彻得非常深入的组织，在它们的官方网站和介绍中有非常全面的体现。这些要点，恰恰是顾客和相关方长期关注的重点。

第三，有助于组织系统策划和识别关键过程，配备足够的资源，有效保障战略落地。

第四，有助于让企业各个层级人员更好地了解企业，更重要的是让顾客、相关方和新员工了解企业。

组织概述是一个组织情况的综述和概览，主要包括组织的历史和发展沿革、运营环境、组织的相关方关系、竞争环境和战略挑战、人力资源系统等方面的内容；组织的治理系统说明，顾客细分及其对产品、服务和运营的关键需求、期望和差异；主要的技术和设备设施；在行业内或目标市场中的地位、规模和发展情况，等等，这些内容都在准则中充分详细地体现，并区分相关内容的优先次序。

组织概述分成两个部分：组织描述和组织面临的挑战。

7.2.1 组织描述

1. 组织的环境

组织主要的产品和服务及其交付方式根据行业的特性不同有很大不

同。从一个创业公司的角度来看这点，是非常值得深入思考的问题。我看到的很多资本运作失败的案例，都是这点没有考虑清楚，自然也就没办法做好了。

对许多组织而言，做好组织文化特色，充分体现组织的使命、愿景和价值观并非易事。每个组织都有自己的使命、愿景和价值观，但是往往没能系统地、清晰地、有特色地予以阐述，或者写得很好，但是落地时有偏差。组织文化落地其实是非常难的。通过陈述组织的使命、愿景和价值观，界定组织文化的核心内容是一种富有逻辑性和层次感的好方法。

（1）价值观。

价值观理论上的解释很多，价值观决定了我们该做什么、不该做什么。价值观一致的人在一起做事，项目更容易推进；如果价值观不一致，甚至存在冲突，人与人相处时往往会出现问题。

这就带来了一个问题：每个人都有自己的价值观，企业也有自身的价值观，两者间是什么关系呢？一项基于长期实践的观察数据研究显示，价值观对工作绩效存在影响。这项研究的第一个维度是企业的价值观，从清晰到不清晰；第二个维度是个人价值观，从清晰到不清晰。这样就有了四种组合，在什么情况下工作绩效好？在什么情况下工作绩效差？最佳的结果是企业和个人的价值观都清晰而且匹配的情况，这时工作绩效最好。另一个极端是企业和个人的价值观都不清晰，这种情况下工作绩效最差。然而，实际情况并不是这样的，最差的是企业价值观清晰、个人价值观不清晰的情况。

接下来介绍一下价值观落地的六步法。

第一，日程。如果你想强调某个价值观，就应该在这件事上花时间。

比如客户第一是企业的价值观，我们就应该在重要的企业日程中确定客户服务的内容。

第二，关键事件。一家企业会有很多的关键事件，比如企业成立庆典、新产品发布会等，如果强调客户第一，我们应该在这些关键事件中体现出来。

第三，故事。我们应该总结企业为客户服务时的优秀案例，并且广为传播。

第四，语言。比如在日常与客户沟通的过程中，不能说"不"。

第五，测评。我们应把客户第一的价值观转化为各种考核指标，在不同的部门和岗位进行分解。

第六，奖励。年底应该评选客户服务方面的优秀案例，给予其物质和精神方面的表彰。

（2）愿景。

再说说愿景。一个伟大的企业是从一个伟大的愿景开始的，这里介绍企业愿景五要素——理想、独特性、形象、面向未来和共同利益。第一是理想，愿景应该体现人类发展的理想，过于平淡和狭隘的想法不能够激励大家为愿景奋斗。第二是独特性，愿景应该体现企业的特点，包括行业、地域、产品服务特性等，而不应该是空洞的口号。第三是形象，愿景要像一幅画，企业要非常形象地展示出来，这样才有感召力。第四是面向未来，未来既有非常美好的憧憬，又面临不确定的巨大挑战。第五是共同利益，主要是五大相关方的共同利益，包括股东、顾客、员工、供应商和社会。

（3）员工概况。

员工概况包括教育水平、年龄、职位、关键需求和期望福利制度。

对人力资源的掌控反映了一个组织的能力，特别是在一些关键领域，比如技术研发和创新相关的部门、岗位，能否拥有和获取关键人才，决定了企业未来发展的竞争力。企业也会看招聘计划完成率和离职率。招聘计划完成率是直接反应招聘效率的量化指标，也是企业经营情况及市场经济的缩影。招聘计划完成率越高，代表企业招聘效率越高。

员工频繁离职会在企业内部引发负面影响，例如增加企业招聘成本，对企业人才架构的稳定性形成挑战，影响团队效率、客户资源等。前程无忧总结出三个对企业最主要的负面影响：增加企业的招聘和管理成本、影响在职员工工作心态、造成人员架构不稳定。企业对员工离职率需要加大关注力度，不仅要重视人员架构，还要通过一系列管理手段主动降低员工离职率，从而降低成本，提高企业的稳定性。

根据数据分析，造成员工主动离职的原因集中在"薪资水平缺乏吸引力"和"发展空间有限"两方面，比例分别为51.6%和39.7%。值得注意的是，2021年时在员工主动离职的原因中，选择"企业转型或业务调整，人岗不匹配"的比例较2020年有所上升。我认为，自新冠疫情暴发以来，企业为增加经营韧性，数字化转型加速，组织变革和人员优化配置力度加大，都是造成这一变化的主要原因。

（4）主要的技术和设备设施。

看一家企业的综合实力，除了销售额和利润这些通常的指标外，一定会看这个企业的主要装备，装备实力是底层实力。德国的很多隐形冠军，装备很多是自己生产的，还有很多关键的原材料也是自己生产，企业构建了竞争的护城河。还有一些核心领域的关键企业，比如芯片制造领域的ASML，几乎处于垄断地位。有这样一个现象，这几年电动车发展迅速，电池占到一辆电动车成本的40%～60%。除了特斯拉以外，大部分电动车企业都处于亏损状态，电池厂商成了最大的赢家，像宁德时代这样掌握了核心技术的企业是主导行业发展的。又如液晶电视的显示屏占产品整体成本的 60% 以上，三星、LG 原来是领导者，现在京东方等中国企业也迅速发展起来了。

2021 年 12 月 17 日，欧盟委员会发布了《2021 年欧盟产业研发投入记分牌》(The 2021 EU Industrial Research and Development Scoreboard)，分析了 2020 年全球研发投入最多的 2500 家企业。它们总投资为 9089 亿欧元，约占全球企业研发投入总额的 90%。超过 1000 亿欧元的仅有四个国家或地区，其中美国研发投入合计超过 3400 亿欧元。美国继续保持全球研发投入企业数量第一，上榜 779 家，我国紧随其后，有 683 家企业上榜。

报告显示，谷歌母公司 Alphabet 研发投入连续三年居榜首，2020 财年投入规模同比增长 6%，为 225 亿欧元。华为排在第二位，排名上升两位，微软位列第三。第四名至第十名依次为三星、苹果、Meta、大众、罗氏、英特尔、强生。

从行业分布来看，上榜企业投资主要集中在制药与生物技术、软件和计算机服务、技术硬件和设备，以及汽车及零部件四个领域。其中制药与生物技术研发投入规模达 1709.42 亿欧元，占总投入 18.81%。我国研发投入排行榜前列企业主要集中在技术硬件和设备、软件和计算机服务、建筑与材料行业以及电子电气设备行业。中国上榜企业研发投入规模达 1409.51 亿欧元，占 2500 家企业总额的 15.51%。

华为作为全球排名第二的中国企业，一直以来都在科技研发方面下足了功夫。尤其在芯片技术上，华为更是将其作为战略投资的重心。还有一家上榜的中国企业阿里巴巴，以 514 亿元研发投入排名第 17，研发投入同比增长了 32.9%。阿里巴巴在芯片研发和科技创新方面坚持投入，以收购、投资、自主研发等多种方式进入芯片领域，提升自身的技术影响力和核心竞争力。

（5）组织运营的法律法规和政策环境。

在全球化的进程中，不同国家、不同地区的营商环境是所有要进入这里的企业所必须考虑的。世界银行的"Doing Business"项目调查对各个国家的营商环境，从企业开办、选址、获得融资、日常运营以及退出的全过程共10个方面提供了量化指标和排名。营商友好型环境与贫困率低相关，在此情况下提高监管效率能够正向刺激企业家精神，帮助初创企业创新、获得信贷和投资。报告发现，营商环境改善最大的10个经济体为沙特阿拉伯、约旦、汤加、巴林、塔吉克斯坦、巴基斯坦、科威特、中国、印度和尼日利亚。中国和汤加连续两年进入前10，印度连续3年进入前10，说明营商规管改革是一个跨年度的过程。

在表现排名靠前和靠后的经济体中，企业家的体验有很大差异。例如，在排名靠后的50个经济体开办企业平均耗时是排名前20的经济体的近6倍。在排名前20的经济体转移财产所需时间不超过2周，而在排名靠后的50个经济体则需要3个月。

即使在同一个国家的不同地区，营商环境也有很大的不同。我们发现，越是经济发达的地区营商环境越好，越是闭塞和落后的地区营商环境越差。在新结构经济学的研究中，如果整体的大环境不能提供适合企业发展和创新的政策和法律，那么建立经济特区就是非常好的一个办法。事实上，中国改革开放的过程中，创办经济特区是一个非常成功的经验。对企业来说，要系统评估所处行业的政策法律变化，以及自身所处地区的具体情况。因此我们看到很多企业将研发中心放到人力资源和技术创新资源丰富的地方，将生产基地放到生产要素聚集，物流和供应链配套好的地区。随着企业数字化进程的加快，企业总部与分公司在物理上的限制会被弱化，甚至消除。

2.组织的关系

组织治理体制包括组织的所有者（股东）、董事会和高层领导之间的责任划分和制约机制，是确保组织诚实和道德的一种方法，涉及报告财务管理和信息披露方面。通常组织会将组织结构和治理结构画在一张图上。如果存在母公司，还需要解释组织和母公司之间的关系，简要说明组织拥有的管理权限，哪些方面的业务由母公司负责，哪些方面的决策要由母公司确定或批准。说清楚公司所有权和经营管理权的关系，是一个公司能够持续经营并且获得成功的关键要素之一，这是高于其他管理内容的重要前提。

应注意关键的顾客群及其他相关方群体对产品、服务和运营的关键要求、期望和差异点。这里应先将这些关键顾客和相关方识别出来，其间需要用到很多系统的方法，然后是有效地管理。

应明确关键的供方和经销商类别及其在关键产品和服务过程及创新中的角色，关键的供应链要求。

应建立与关键顾客和供方的伙伴关系和沟通机制。这部分要求在前文中已系统地展开，这里只需要明确结果即可。

7.2.2 组织面临的挑战

1.竞争环境

明确企业在行业内或目标市场中的竞争地位、规模和发展情况，竞争对手的类型和数量，这部分是一个动态的管理过程，通常组织应该每年更新相关信息和数据。

决定组织能否超越竞争对手、取得成功的关键因素，影响着竞争格局的变化，以及创新和合作机会，企业应对竞争环境保持敏感，具备快速反应的能力。同时企业也要持续关注行业标杆企业在创新方面的动向，有条件的情况下，可以同行业协会等平台合作，或者直接组成战略联盟，以获得更大的竞争优势。

有些行业数据比较容易获取，比如电力、空调制冷、建筑业、金融等，行业协会会提供相应的数据，同时上市公司公开披露的数据也是很好的数据来源，大多数数据都拥有较高含金量，需要企业投入资源专门进行研究和分析。

2. 战略挑战

组织的关键业务、运营和人力资源方面的战略挑战在相对稳定的市场环境下变化不是很大。但是近几年外部环境变化非常大，企业经营状况起落比较多，很多企业遇到挑战。丘吉尔曾说，不要浪费任何一次危机。危机出现，就是机会的开始。

卓越绩效评价准则中的第四部分列举了7项针对企业的具体评价要求，它们分别是领导，战略，顾客与市场，资源，过程管理，测量、分析与改进，结果，从中我们可以分析出想要打造卓越绩效企业需要关注的7个维度。下面我们将沿用卓越绩效评价准则的结构，直接从这7个维度着手，分析卓越绩效模式的应用逻辑。

7.3　领导

这一部分涉及三个重点：第一是高层领导的作用，第二是组织治理，第三是社会责任。高层领导作用的要点有以下几个方面：确定方向、双向沟通、营造环境、质量责任、持续经营和绩效管理。

7.3.1 高层领导的作用

1. 确定和贯彻组织的使命、愿景和价值观

使命、愿景和价值观体现了组织未来的发展方向，也是组织文化的核心，为战略和战略目标的制定设置前提。组织的高层领导应结合组织的历史沿革、行业特点和内外部环境等实际情况，研讨、提炼、确立和贯彻组织的使命、愿景和价值观，并做出表率。一个历史相对较长的组织，通常会分成几个阶段，比如初创期、成长期、发展期等。成立不久的公司会对现任领导团队的要求更高。确定方向是一个组织最重要的事情，特别是在外部环境变化比较大的时候，高层领导的作用就更加重要。

2012年，我曾经到位于旧金山的帕洛阿尔托市，拜访了企业文化的创始人埃德加·沙因，向他请教企业文化的问题。我问他，东西方企业文化存在差异，那么在企业文化建设过程中，或者在他过去的研究中，看到东西方企业文化的不同点是什么？他给我讲了乔布斯和苹果公司的故事，那一年乔布斯刚刚去世，《乔布斯传》还没有出版，沙因老先生说，西方人向东方人学习冥想，东方人向西方人学习逻辑，而乔布斯恰好兼具了这两方面的优势。乔布斯设计的苹果公司的商业模式，其灵感并非来源于顾客和市场的调查，更多来源于冥想，这也是对传统管理学和营销理论的颠覆，有时候消费者并不清楚他们到底需要什么。当然，这不意味着企业可以不重视客户的需求和满意度，创新并没有严格的范式。在不确定性增大的未来，科技创新与数字化叠加，人工智能、材料科学、

生命科学领域都处在创新最为快速和活跃的时期，管理学理论也会加快创新。例如，原来的管理逻辑都是以人为核心的，现在对象变了，在智能工厂里，人不是要素了，底层逻辑变了，我们的管理方法应随之不断创新。

2. 持续双向沟通

双向沟通的目的是全体员工及其他相关方对组织的发展方向和重点有清晰、一致的理解，认同并付诸行动，在组织内部达成上下同心，在组织外部促进协同发展。

组织可通过高层领导演讲、座谈会、网站、报刊及文化体育活动等多种形式与员工双向沟通；通过洽谈会、研讨会、外部网站等形式与相关方双向沟通。随着数字化变革的不断深入，线上会议、组织的自媒体，包括组织的不同部门、员工的自媒体也成为双向沟通的有效途径。让全体员工和重要相关方了解组织战略和发展方向非常重要，关于组织发展愿景和战略，组织应该投入足够的资源持续地进行双向沟通。

3. 营造组织环境

营造组织环境指营造一个包括诚信守法、改进、创新、快速反应和学习等要点的组织文化环境。

高层领导应通过组织文化建设，积极倡导诚信守法，鼓励员工开展多种形式的改进和创新活动，提高快速反应能力，培育学习型组织和员工。这部分主要是要建立并落地企业文化。企业通常存在的问题是文化体系不够健全，落地方法不够科学和系统，从而令效果打折扣。企业文化的最高境界就是让别人相信你说的话，同时发自内心地为共同愿景奋斗。

4. 承担责任

履行确保组织所提供产品和服务的质量安全的责任，引导组织承担质量安全主体责任。这部分强调的是对外部的影响，当然还有内部的管理责任。

5. 做好品牌发展规划

制定与组织经营发展的战略目标保持一致的品牌发展规划，通过提高组织的产品质量和服务水平，推进组织的品牌建设，不断提高组织的品牌知名度、品牌美誉度、品牌形象和品牌忠诚度。

6. 实现基业长青

为推动和确保持续经营，组织应培育和增强风险意识，开展战略、财务、市场、运营、法律、安全、环境、质量等方面的风险管理，提升应对动态的内外部环境的战略管理和运营管理能力，并重视培养组织未来的各层领导者。

7. 实现愿景和战略目标

高层领导应通过诸如战略研讨会、管理评审会、经济活动分析会和专业例会等形式，定期评价组织的关键绩效指标，确定改进和创新的重点，促进组织为追求卓越付诸行动。这部分旨在让高层领导对企业的各方面状态有个全面、及时的了解。

7.3.2 组织治理

组织治理，是指社会特殊复杂系统的相关主体为平衡相关主体利益、达成系统目的所采取的契约、指导、控制等所有方法和措施制度化的过程与成果体现。组织治理属于制度治理思想的延伸。公司是组织的一种形式，从广义角度理解，公司治理是研究公司权力安排的一门科学。从狭义角度理解，公司治理属于公司所有权维度，是研究如何授权给职业经理人并针对职业经理人履行职务行为行使监管职能的科学。

基于经济学专业立场，公司有所有权和经营权，二者是分离的。公司管理是建构在企业经营权层次的一门科学，是公司所有权人向经营权人授权，经营权人在获得授权的情形下，为实现经营目标采取一切经营手段的行为。与此相对，公司治理则是建构在公司所有权层次的一门科学，关注的是科学地向职业经理人授权，科学地对职业经理人进行监管。

一个公司如同一个人，董事会是公司的"大脑"，总经理是公司的"心脏"，总经理辖制的各部门是公司的"肝、脾、肺"等，监事会是公司的"免疫力系统"，公司治理结构则是公司的"神经系统"。

《卓越绩效评价准则》中对组织治理的要求主要包括两项要点：完善组织治理体制所需考虑的关键因素，以及对高层领导和治理机构成员的绩效评价。

完善组织治理体制所需考虑的关键因素包括：

- 明确经营管理高层的经营责任、道德责任、法律责任等。
- 明确治理体制中各机构的财务责任，健全财务制度，规范会计行为。
- 规定经营管理的透明性及信息披露的政策。
- 确保内、外部审计活动独立于审计对象，外部审计和相关服务不能来自相同或关联的机构。

> 保护股东及其他相关方的利益，特别是中小股东的权益，以及员工、供方等的合法权益。

对高层领导和治理机构成员的绩效评价旨在建立激励和约束机制，并运用评价结果改进个人、领导体系和治理机构的有效性，可包括自评和上级、同事、下属评价以及相关方反馈等多种视角。

组织治理对公司长期发展非常重要，有些公司也通过披露上市公司的 ESG 报告等方式推进公司治理的不断完善。

7.3.3 社会责任

社会责任是指一个组织对社会应负的责任。一个组织应以一种有利于社会的方式进行经营和管理。社会责任通常是指组织承担的高于组织目标的社会义务，超越了法律与经济对组织所要求的义务，社会责任是针对组织管理道德的要求，完全是组织的自愿行为。

《卓越绩效评价准则》中也提出，组织在致力于自身发展的同时，还要积极主动地履行社会责任，以更具社会责任感的组织行为增强其竞争优势，致力于成为卓越的企业公民。在组织战略规划和经营管理过程中，应重点关注那些对组织持续成功至关重要的社会责任。

社会责任包括三项要点：公共责任、道德行为和公益支持。

1. 公共责任

公共责任是指组织对公众和社会应承担的基本责任。

> 组织应评估在产品和服务质量责任、职业健康与安全、环境保护、能源节约和资源综合利用以及公共卫生等方面的影响，并

采取预防、控制和改进措施。

- 组织应采取社区调查、座谈等方式，预见公众对产品、服务和运营在上述各方面的担忧，做好应对的准备，如应对公众对新建基础设施的环境安全隐忧，确保配套环境安全设施同时设计、同时施工、同时交付使用；应对公众对突发事件的担忧，制定应急预案并定期演练。

- 组织应识别、获取上述各方面的法律法规要求，并识别和评估相应的风险，建立遵循法律法规要求和应对相关风险的关键过程及绩效指标，包括预防、控制程序和改进方案，在确保满足法律法规要求的基础上持续改进，以达到更高水平。

2. 道德行为

道德行为是指组织在决策、行动以及与利益相关方之间的交往活动中，遵守道德准则和职业操守的表现。从高层领导到一般员工都应履行道德规范，并影响组织的利益相关方。

- 诚信是组织道德行为中最基本的准则。高层领导应率先垂范，在整个组织中倡导诚信、践行诚信，建立面对顾客、供方和社会各相关方的信用体系。

- 组织应基于其使命、愿景和价值观，制定清晰明了的道德规范并定期强化；应建立用于促进和监测组织内部与顾客、供方和合作伙伴之间符合道德规范的关键过程及绩效指标。这个绩效指标可以是遵守道德规范情况的调查指标，如诚信等级、违背道德规范的事件数等。

3. 公益支持

公益支持是组织超出法规和道德承诺之外的社会责任，是组织在资源条件允许的条件下，提升在社会责任方面的成熟度，成为卓越企业公民的表现机会和途径。

公益领域的范围很广，包括文化、教育、卫生、慈善、社区、行业发展和环境保护等。组织应依据其使命、愿景、价值观和战略，策划、确定重点支持的公益领域，主动积极地开展公益活动，赢得公众口碑，提升社会形象。通常情况下，公益支持的重点应该和组织的产品、服务有一定的关联。在公益支持活动中，高层领导应起到模范作用，引导和带领广大员工做出自己的贡献。

如果想更进一步了解社会责任，还有《社会责任指南》（ISO 26000）以及相关的行业标准。例如，中国建筑业协会与联合国工业发展组织、中国国际经济技术交流中心一起合作编写了《中国建筑业企业社会责任标准》，也有很多企业通过了社会责任管理体系的认证。

7.4 卓越绩效模式之战略

战略在企业管理中是最重要的部分，在《卓越绩效评价准则》中也占据非常重要的位置，可以说是所有条款的轴心。战略管理着眼于组织未来发展的全局性战略分析、选择和部署。《卓越绩效评价准则》正文第一部分是领导，第二部分就是战略。战略简单地说分为两部分，第一是战略制定，第二是战略调整。

组织应通过战略制定确立战略和战略目标；通过战略部署使战略

和战略目标具体化，转化为实施计划和关键绩效指标，并配置资源予以实施。

战略制定是组织对其未来发展的谋划、决策过程。组织应基于使命、愿景和价值观，以顾客和市场为导向，收集内外部环境的数据、信息，运用预测及其他方法分析未来，确立战略和战略目标，获得持续发展和成功。战略制定过程要求说明组织是如何进行战略制定的；战略和战略目标则要求说明组织所制定的战略和战略目标具体是什么。

7.4.1 战略制定过程

组织应确定其战略制定过程，并确保考虑到了内外部环境因素。

组织在确定其战略制定过程时应考虑以下几点。

- 明确战略制定的主要步骤和工作计划，包括各步骤的职责分工、时间安排等。
- 由高层领导主持，相关部门及员工参与，必要时可委托专业机构协助制定；可建立负责战略管理的委员会、跨职能小组以及指定归口协调部门。
- 根据行业及产品特点，规定长、短期计划的时间区间，并制定工作计划，使之与战略制定过程协调对应。

组织在制定战略时，应考虑：分析《卓越绩效评价准则》列出的关键因素，并收集相关数据和信息；采用科学的方法进行数据和信息的分析，例如 PEST 宏观环境分析、五力模型、产业环境分析、SWOT 分析以及 KSF（关键成功因素）分析、CBI（主要障碍性因素）分析等。

7.4.2 战略和战略目标

组织应说明其战略和战略目标，以及如何应对相关要求。

组织的战略和战略目标应满足以下几点。

- 战略和战略目标应与使命、愿景和价值观一致。
- 战略可围绕以下一项、多项或全部建立：新产品、服务和市场；通过收购、受让等途径获得收入增长；资产剥离和重组；新的合作伙伴关系和联盟；新的员工关系；满足社会或公共需求。
- 应考虑潜在市场、竞争对手、核心竞争力等方面可能发生的变化，在战略中准备相应的预案。
- 战略目标是组织提升竞争力，获得或保持持久竞争优势而期望达到的绩效水平。组织应确定实现战略目标的时间表及逐年的、量化的关键指标值。

组织应通过系统、周密地内外部环境分析制定战略决策，使战略和战略目标能够满足以下要求。

- 应对战略挑战，发挥战略优势，获得产品、服务、运营和商业模式方面的创新机会。战略挑战是组织为持续获得成功面对的压力，包括外部的和内部的压力；战略优势是对组织未来成功起决定性影响的有利因素，通常源自组织的核心竞争力和战略伙伴关系。
- 均衡地考虑长、短期的挑战和机遇，以及所有相关方的需要，如股东的投资收益、顾客的满意度、员工的发展与满意度、供方的共同成长可行性以及社会责任要求等。

7.5 卓越绩效模式之顾客与市场

《卓越绩效评价准则》的第三部分是顾客。可以说，顾客第一是亘古不变的经营哲学，也是一个组织保持成功的关键。了解顾客和市场是顾客关系管理以及战略策划的先决条件。只有应用系统的方法，对当前及未来的顾客和市场的需求、期望及其偏好进行全面、动态的了解，才能持续地提供满足顾客需要的产品和服务，调整营销策略，建立和完善顾客关系，维护现有市场，拓展新的市场。

7.5.1 顾客和市场

组织要细分顾客和市场，了解各顾客群和细分市场的需求、期望和偏好。

1. 顾客和市场的细分

组织应识别、确定其目标顾客群和细分市场，同时将潜在顾客和市场考虑在内。

组织应根据自身的战略定位以及产品和服务特点进行市场细分，确定当前及未来的产品和服务的目标顾客群和细分市场。细分的视角可包括市场区域、销售渠道、顾客行业、质量与价格等。应根据组织的实际，考虑细分后顾客偏好的显著性，从关键的视角出发。这部分组织经常出现的问题是顾客市场细分程度不够，或者没有充分考虑竞争对手的影响。另外，通常组织推出新产品、新服务的速度非常快，所以这是一个动态的过程。

组织在了解现有顾客和市场的同时，应根据其战略发展方向，关注包括竞争对手的顾客在内的潜在顾客和市场，收集竞争信息和市场情报，以拓展新的市场。企业想要获得这方面的数据是比较困难的。在一些地区，很多专业的公司和行业协会提供这方面的数据服务，企业也愿意每年投入一定的预算来获取准确的信息。

2. 了解顾客需求和期望

组织应掌握了解顾客和市场的方法，识别和确定顾客的需求、期望和偏好，运用收集的信息和反馈，与时俱进，调整自身以适应发展方向、业务需要及市场变化。

组织应通过问卷调查、顾客访谈反馈等方法，了解不同顾客群的需求、期望和偏好，以及这些因素的相对重要性或优先次序，重点考虑影响顾客偏好和重复购买的关键内容，包括组织的产品和服务与竞争对手相区别的特征、质量特性、可靠性、性价比、交付周期或准时交付率、顾客服务或技术支持等；应根据组织实际，考虑针对不同的顾客、顾客群和细分市场采取不同的了解方法，如为经销商和终端顾客发放不同的调查问卷。对于不同的终端顾客，也应该采取不同的方法。第一，看调查的方法有没有更新；第二，看调查结果有哪些应用场景；第三，看是否将顾客的需求信息用于产品改进；第四，进一步了解已经改进和创新的产品的销售情况，以及创造了多少价值。

组织应收集现有和流失顾客的相关信息和反馈，包括市场推广和销售信息、顾客满意和忠诚的数据、顾客获取和流失的分析以及顾客投诉等，然后建立顾客档案或知识库，用于产品和服务的设计、生产、改进、创新以及市场开发和营销过程，并强化顾客导向，满足顾客需要和识别创新的机会。很多组织建立了 CRM 系统，随着数字化进程加快，组织之间的边界进一步模糊，组织和顾客、组织和供应商上下游，无论产品研发，还是在供应链中，协同程度都越来越高，带来产品迭代创新速度的加快，以及标准化程度的提高，这也是德国工业4.0和我国提出的工业互联网的主要内容。对于大多数中小型组织而言，深度了解顾客的需求，与顾客生产及服务系统深度契合，是一个非常重要的方向。

组织应定期评价、了解顾客需求和期望的方法，并对这些方法的适用性、有效性进行分析和改进，使之与发展方向和业务需求保持同步，并适应市场的变化。组织了解顾客需求是经营的第一层，第二层是组织与顾客生产服务系统深度契合、相互依存。第三层是组织站在行业的高度，通过超前的理念和创新的技术引领顾客的发展。当然，组织做到这些不能一蹴而就，需要立足于自身的战略优势，持续加强技术研发投入，在一个细分领域成为隐形冠军。只有自己强大，才有可能和别人协同发展。

7.5.2　顾客关系与顾客满意

我们通常说开发一个新顾客的成本是维持一个老顾客的 5～10 倍。所以，我们应该在顾客关系与管理上投入资源。《卓越绩效评价准则》中说明，组织应基于对顾客和市场的了解，建立、维护和加强顾客关系，测评顾客满意度和忠诚度，并推动产品、服务和管理的改进，以留住现有顾客、获得新的顾客并开发新的商机。

1. 顾客关系的建立

组织应建立顾客关系，明确与顾客接触的主要渠道，有效、快速地处理顾客投诉，并与时俱进，使之适应发展方向和业务需要，具体要做好以下四个方面。

第一，组织应针对不同顾客群建立差异化的顾客关系，包括与关键顾客建立合作伙伴或战略联盟关系，以赢得顾客，提高其满意度和忠诚度，增加顾客重复购买的频次并获得积极的推荐。

这里不得不提一下帕累托法则，这是罗马尼亚管理学家约瑟夫·朱兰提出的一条管理学原理。该法则以意大利经济学家维尔弗雷多·帕累托的名字命名。帕累托于1906年提出了著名的关于意大利社会财富分配的研究结论：20%的人口掌握了80%的社会财富。这个结论之于大多数国家的社会财富分配情况都成立。因此，该法则又被称为80/20法则。朱兰博士在质量管理学中采纳了该思想，他认为在任何情况下，事物的主要结果只取决于一小部分因素。对于一个组织来说，要找到最重要的顾客，也就是为组织带来80%的收益的这20%的顾客。同时，帕累托法则还可以理解为20%的因素影响了关键顾客的满意度，这是一个分析思路和方法。

第二，组织应建立与顾客接触的主要渠道，如网站、展会、登门拜访、订货会、电子商务平台、电话等，方便顾客查询信息、进行交易和提出投诉；确定每种渠道主要的顾客接触要求，即顾客对接触过程的要求，进而形成顾客服务的标准，并展开、落实到具体人员身上和过程中去。不同类型的产品可以参与多个展会，比如德国汉诺威工业展、德国工程机械的宝马展，国内的广交会、进博会、服贸会等，组织都能有效与顾客接触。同时，产品获得行业奖项，通过高标准的认证，也能让顾客进一步了解组织。现在组织接触顾客的方式也增加了，社交媒体、电子商务平台、线上会议也是非常有效的方式。

第三，组织应确立顾客投诉处理过程以及相关职责，建立快速反应机制，确保投诉得到有效、快速的解决。例如，组织向顾客承诺响应和解决的时限并切实履行；应授权与顾客接触的第一位员工把问题处理好，恢复顾客因不满而失去的对组织的信心，最大限度地减少顾客不满和业务流失；应收集和分析投诉信息，确定共性问题、根本原因及改进的重点，用于整个组织及合作伙伴的改进。对于卓越组织来说，顾客投诉是一个"礼物"，会成为管理改进的重要资源，因此我们必须高度重视，并且鼓励团队成员倾听顾客意见，不要把顾客投诉视为不好的事情。

第四，组织应定期评价、不断改进在顾客关系改善方面的方法，使之适应发展方向及业务需要。《卓越绩效评价准则》中很多条款中都有提及确保在顾客关系管理中，组织用到的方法是最新的。比如，服务质量管理中，服务接触点和服务蓝图这一类新方法的应用是可取的。

2. 顾客满意度分析

组织应调查顾客满意度和忠诚度，跟踪产品、服务和交易质量，并与竞争对手和标杆组织对比，以推动自己产品改进。这些方法应与时俱进，适应发展方向和业务需要。我觉得这部分目前对于很多组织来说，是一个服务升级的过程。比如，原来组织只卖产品，现在卖解决方案。这体现在传统赛道是尽可能做到顾客满意。另外，通过升级服务创造新赛道，让竞争对手短期内无法构成竞争，保持一段时间竞争优势。

组织应考虑针对不同顾客群，采取不同的顾客满意度和忠诚度测量方法，从而获得有效的信息用于改进服务与产品。顾客满意度的测量通常包括顾客的关键需求，诸如质量特性、价格、可靠性、交付期、顾客服务或技术支持等。顾客忠诚度通常表现为顾客留存率、重复购买率及获得积极推荐等方面。优质的顾客是竞争对手争夺的重点，竞争对手会通过降价、提升服务水平等方式获取与维护顾客，所以组织要在各个环节关注到顾客，并保持足够的黏性，才不至于丢失顾客。这部分常见的问题是组织对于顾客群细分程度不够，对于不同顾客的需求识别也不是非常充分，使得管理的颗粒度太大。

组织应通过对顾客的跟踪、回访或市场调查等获得及时、有效的反馈信息，如产品开箱合格率和故障率等，快速识别和解决问题并用于改进活动，防止其再发生。

组织可自己调查研究或通过独立的第三方机构，获取可与竞争对手和标杆相比较的顾客满意度信息，以识别存在的威胁和机会，改进组织的绩效，了解影响市场竞争力的因素，以此制定战略。

组织应定期评价、不断改进测量顾客满意度和忠诚度的方法，使之适应发展方向及业务需要。

7.6　卓越绩效模式之资源

组织应为确保战略目标的实现、过程的有效实施，提供必需的人力、财务、信息和知识、技术、基础设施、相关方关系等资源。

7.6.1　人力资源

人力资源管理在任何组织中都是至关重要的，组织的发展成在人力资源，败也在人力资源，大部分工作都是由人来执行的。《卓越绩效评价准则》从质量管理的视角评价一个人力资源管理体系的成熟度。

组织应根据其使命、愿景、价值观和战略，建立以人为本的人力资源管理体系,并根据各职能的长、短期实施计划,制定和实施长、短期的人力资源计划。人力资源计划可考虑以下几个方面。

- 促进授权、创新的组织结构和职位的再设计。组织结构应该是动态的,从传统的直线职能制到矩阵式,包括扁平化、去中心化的组织机构的形式,要适应战略发展的需要。
- 促进员工与管理层沟通。员工与管理层的沟通应是双向的,管理不仅仅是向下的,也是向上的。员工如何与自己的上司沟通,如何进行高效率的横向协调,反映了一个组织文化和体系的整体水平。
- 促进知识分享和组织学习。如何将组织在不同层级管理过程中的最佳实践总结出来,以恰当的方式分享知识和经验,是组织保持创新力的重要内容。
- 改进薪酬和激励机制。不患寡,患不公。组织给予的薪酬要在同行中有竞争力,同时,如何分蛋糕绝对是一门艺术,也是大智慧。要让员工有归属感,认为是在为自己工作。
- 改进教育、培训并注重员工发展。培训是组织给员工提供的最重要的福利之一。除了传统已有的培训方式,行动学习、在线学习都是非常好的方式。例如,德国的双轨制职业教育体系、企业商学院等培训的设计。

人力资源包括四项要点:工作的组织和管理;员工绩效管理;员工的学习和发展;员工的权益与满意度。

1. 工作的组织和管理

组织应当应对战略挑战,根据战略发展和业务变化的需要对工作和职位进行组织和管理，确定人力资源需求并予以配置，实现有效的沟通。

- 组织应对工作和职位进行组织、管理，促进组织内部的合作，调动员工的积极性、主动性，促进组织的授权、创新，进而提高组织的执行力。可采用扁平化的组织结构，减少沟通层次，以提高运作效率；采用矩阵制的组织结构，建立联合攻关小组、六西格玛小组、跨部门 QC 小组、并行工程小组等跨职能团队，促进横向沟通，以减少部门间的沟通壁垒。
- 组织应根据长短期人力资源计划，确定员工类型和数量的需求，进行职位分析，识别所需员工的特点和技能，形成岗位说明书，招聘、任用和留住员工。必要时，应对员工流失情况进行分析，并采取相应的措施。
- 组织应建立诸如总经理邮箱、网上论坛及各类座谈会等渠道，听取和采纳员工、顾客和其他相关方的意见和建议；采用经验交流、交叉培训、岗位轮换、视频会议等方法，在不同的部门、职位和地区之间实现有效沟通和经验共享。

2.员工绩效管理

组织应开展员工绩效管理，使员工、部门和组织整体的绩效协调一致，以提高员工和组织的绩效，实现组织的战略计划。

- 基于组织关键绩效指标的分解，对员工绩效进行定量和定性的评价和考核，并在适当的时机，采用适当的形式，将评价和考核结果反馈给员工，以便采取措施改进绩效。员工绩效评价的内容可包括绩效结果和绩效因素（如员工态度、知识和技能等），评价和考核可针对员工个人，也可以团队为单位。
- 建立科学合理的薪酬体系和实施适宜的激励政策和措施，包括薪酬、奖惩、认可、晋升等物质和非物质的激励政策和措施。

3. 员工的学习和发展

组织应通过教育与培训提高员工的认知、知识和技能，进而提高员工和组织的绩效，促进组织的战略发展和员工的职业发展。

（1）员工的教育与培训。

组织应建立从需求识别、计划制定和实施，到效果评价和改进的教育与培训管理体系。

员工教育与培训的需求包括以下几点。

- 为应对战略挑战，培育核心竞争力和落实长、短期实施计划的需求，通常这项工作通过人力资源计划体现。
- 为改进员工和组织绩效而产生的知识和技能需求，可通过员工绩效评价、改进和创新计划等渠道识别。
- 员工职业发展和兴趣爱好方面的需求，可通过员工培训和教育需求调查识别。

教育与培训计划的内容可包括教育与培训的对象、目标、方式、经费和设施等事项。组织对教育与培训的效果进行评价时，除了采用考试、问卷等方式即时评价外，还应结合员工和组织绩效的变化，评价教育与培训后员工学以致用的有效性，并促进教育与培训工作的改进。

组织在教育与培训中，应注重以下两点。

- 根据岗位和职位的不同分类分层实施，如按不同工种分类；按高层、中层、基层分层。
- 采用多种方式，可包括委托培养、自学、短期培训、学术研讨会、远程教育、轮岗、交叉培训等。

（2）员工的职业发展。

组织应建立多种发展渠道，鼓励、帮助各层次员工制定和实施有针对性、个性化的职业发展规划，实现学习和发展目标。

组织应制定和实施适当的继任计划，包括高、中层领导岗位及关键技术岗位的继任计划，形成人才梯队，以提高组织的持续经营能力。

4. 员工的权益与满意度

组织应确保员工权益，包括保持良好的工作环境、提供福利支持、保证员工参与的权利、提高全体员工的满意度。

（1）员工权益。

组织应通过实施职业健康安全管理体系，针对不同的工作场所确定相应的测量指标和目标，如粉尘、噪声、有害气体、辐射等，保障和改善员工的工作环境，并对可能发生的突发事件和危险情况做好应急准备。

组织应制定有关员工服务和福利的制度，根据不同员工群体的关键需求和期望，提供服务、福利等方面的支持，并遵循《中华人民共和国劳动法》《中华人民共和国工会法》等法律法规保障员工的合法权益。

组织可采用员工调查、访谈等方法确定影响员工参与的因素，为员工营造主动参与的环境，鼓励员工积极参与多种形式的活动，并提供时间和资金方面的支持。

（2）员工满意度。

组织可采用员工问卷调查、座谈等方法，确定影响员工满意程度和积极性的关键因素，如薪酬福利、劳动保护、学习机会、职位提升机会等，并关注这些因素对不同员工群体的影响。

组织应了解员工的意见和建议并分析原因，制定改进措施，提高员工满意程度。需要时，可增加针对性调查，如针对某类员工或某些方面的调查。组织还可通过分析其他指标，如员工流失率、缺勤率、安全及生产效率，寻找可行的提高员工的满意程度和工作积极性的方法。有满意度，就有敬业度。卓越绩效模式强调五大相关方，分别是股东、顾客、员工、供应商和社会。企业可以通过盖洛普 Q12 等方法来进行员工敬业度测评。

7.6.2 财务资源管理

财务管理是以公司战略目标为追求，在合规运营的前提下，关于资产购置、资本融通和经营中现金流，以及利润分配的管理。财务管理是企业管理的一个组成部分，体现了企业生产要素流动和内外部交易的关系、效率和质量。它是根据法律法规，按照财务管理的原则，组织企业财务活动，处理财务关系的一项经济管理工作。财务管理的目标是确保企业合法合规管理，同时有效控制成本，提高利润，进一步提升股东回报和公司价值。

世界各国在财务管理领域都制定了具体的法律法规，也有相应的标准体系。涉及的理论有资本结构理论、现代资产组合理论、期权定价理论、有效市场理论和代理理论等。《卓越绩效评价准则》要求组织主要从资源配置的角度，从资金获取、配置和使用角度描述其财务资源及其管理。具体内容包括以下几点。

- 组织应当根据战略规划和经营计划的需要确定资金使用计划。组织的资金使用需求主要来自两个方面：①基于战略考虑进行重大的项目投资，如收购并购、新产品开发、技术改造、扩大产能、信息化系统建设投入等对资金产生的需求；②组织日常运营对资金的需求。
- 组织应当建立完整的资金保障体系，包括自有资金、银行贷款等。资金是组织的血液，有很多因为资金链断裂而破产的企业。
- 组织应制定财务管理制度，推进合规管理和全面预算管理，控制和降低成本，实施风险管理。
- 组织可采用降低库存、改善供应链等创新的管理方法提高资金利用效率，也可以采用减少应收账款、银企合作等方法提升资金储备。
- 组织应该动态关注宏观经济环境变化，根据外部环境变化来调整公司战略推进策略，优化资金使用效率，确保资金链安全，确保业务连续性。

总体来说，财务资源有两个最为重要的作用：一是为发展提供动力；二是为风控提供手段。一个是油门，另一个是刹车，这两者都很重要。另外，如果企业是多元化经营，在自己并不擅长的领域更要加强财务相关管理，避免走入歧途。

7.6.3 信息和知识资源

组织应识别和开发信息源，建立集成化的软硬件信息系统并确保其可靠性、安全性和易用性，持续适应战略发展的需要。组织应该建立信息化系统，同时建立覆盖满足战略发展需要的内外部信息收集和反馈系统。组织应有效管理知识资产，同时确保数据、信息和知识的质量。这部分是企业核心竞争力的重要组成部分，在将组织在运营过程中的最佳实践、相关技术和知识总结、转化成可以重复使用的数据的同时，确保数据质量。

组织可根据战略制定和日常运营的需求，建立自己的绩效测量系统和信息管理系统，识别和开发内部信息源，建立与行业协会、顾客、供方和合作伙伴等的信息沟通机制，通过互联网、专业机构合作等渠道识别和开发外部信息源，特别是竞争对手和标杆企业的相关信息。组织还要建立一个内部信息的传递系统，将这些有价值的信息及时传递给内部相关部门和员工，以及供方、合作伙伴及顾客，以提高包括供方、组织、顾客在内的供应链整体效率和快速反应能力。

组织应该建立一个符合战略发展的信息化系统，在软硬件选择和系统开发上应该符合行业特点及业务需求，确保信息系统软硬件的可靠性、安全性、易用性。

组织应基于战略及其实施计划，开展信息化需求调查和分析，制定长短期的信息化发展计划，积极、系统地推进信息化建设，逐步建立和运行满足内外部用户要求的集成化信息系统。

组织应营造重视知识的学习型组织文化氛围，明确知识管理过程，建立知识管理的信息平台，收集和传递来自员工、顾客、供方和合作伙伴的知识，通过内部知识分享和外部标杆对比，识别最佳绩效背后的最佳实践，然后确认、积累、整合、分享和推广应用，使分散的知识集成化、隐藏的知识显性化，将知识转化为效益，促进知识资产的不断增值。

组织应建立相关的管理制度，确保数据、信息和知识的准确性、完整性、可靠性、及时性、安全性和保密性，持续监测指标并持续改进，以不断提高数据、信息和知识的质量。

7.6.4　技术资源管理

技术是人类为了满足自身的需求和愿望，遵循自然规律，在长期利用和改造自然的过程中，积累起来的知识、经验、技巧和手段，是人类利用自然改造自然的方法、技能和手段的统称。技术可以是材料、产品、工具、设备、设施等硬件和有形物品，也可以是工艺、标准、规范、指标、计量方法、软件程序等无形物。技术与科学相比，技术更强调实用，而科学更强调理论研究；技术与艺术相比，技术更强调功能，而艺术更强调表达。

《卓越绩效评价准则》中对于技术资源的要求，即组织应基于技术评估制定战略，开展技术创新，形成在技术方面的核心竞争力，并制定和落实长短期技术发展计划等内容，具体包括以下四点。

（1）结合战略制定流程，收集内外部技术信息，及时了解并预测行业技术发展状况，对组织的技术现状进行评估，然后与同行对比分析，为制定战略提供依据，识别增强组织核心竞争力的机会。

（2）基于组织的战略定位，确定与之相适应的技术定位，并瞄准国际先进技术和标准，将原始创新、集成创新与引进消化吸收再创新相结合，开展自主技术创新，提高组织的技术创新能力。

（3）注重知识积累，研发设计、操作和服务等方面的核心技术以及各类专利，并推广应用，逐步形成组织在技术方面的核心竞争力。

（4）基于其技术定位，制定长、短期技术发展计划，明确技术开发和改造的目标和计划，进行技术经济论证和可行性分析，落实增强技术先进性、实用性所采取的措施。

过去近 20 年里，我曾经评审过多家大企业，包括世界 500 强企业，从中体会到技术资源好的公司竞争力强、技术投入大、未来发展后劲强。做企业没有捷径，特别是在供求关系发生变化后，企业必须在核心技术上有所突破，低价竞争这一模式已经没有太多发展空间。

7.6.5 基础设施

组织根据战略实施计划和过程管理的要求，提供满足产能、成本、质量、安全、环保等各方面要求的基础设施，比如办公建筑、生产厂房，以及水、电、气等动力供应设施。

在故障性维护保养的基础上，组织应建立预防性维护保养制度。根据所在行业特点和自身条件，处理好专业维护保养和操作者日常维护保养之间的关系，制定科学合理的测量指标，保证基础设施的各项性能长期保持在良好的水平。随着 5G、物联网和数字化工厂技术的不断发展，很多设备设施通过传感器对运营状态和数据进行动态收集，这将对设施设备维护起到重要的作用，对于能耗管理也有了很大优化。

根据战略目标和长、短期实施计划以及日常过程管理的要求，制定和实施更新改造计划，不断提高基础设施的技术水平。

组织应根据基础设施的失效模式制定预案，防止由于基础设施的失效带来的环境、职业健康安全和资源利用方面的问题。

目前我们可以从更加广义的角度来看基础设施，即软性基础设施，如支撑组织进行持续创新的标准、计量与合格评定能力的建设。传统概念中的基础设施重点保障现在的能力，软性基础设施重点保障基础研发能力，即未来的能力。

7.6.6 相关方关系

相关方是指与组织的业绩或成就有利益关系的个人或团体。相关方关系是组织的重要资源，组织应致力于与相关方建立共赢的关系，要建立一套系统的管理办法，配置相关的资源来确保与相关方关系的建立和维护，从而实现组织的使命、愿景、价值观和战略。

企业管理是为企业实现战略目标而存在的，这里涉及很关键的问题，就是"你是谁，为了谁？"。ISO 9000 族标准是为了确保组织为顾客提供质量有保证的产品和服务。ISO 14000 族标准是为了社会的环境，ISO 45001 标准是为了保护员工。卓越绩效模式之所以能成为全球卓越企业经营管理的成熟模式，是因为在企业文化和日常经营管理中均衡考虑了顾客、股东、员工、供方和合作伙伴以及社会的利益。过于强调某一方面，忽视其他方面，对于企业长期可持续发展来说都是不利的。

同时，组织应特别关注与供方和合作伙伴的关系，根据对组织成功的影响程度确定关键供方和合作伙伴，基于平等互利、共同发展的原则，推动和促进双向沟通和知识分享，提供诸如技术、管理、人员和资金等方面的支持，建立长期合作伙伴关系或战略联盟等，共同提高过程的有效性和效率，达到双赢的目的。

目前市场竞争已不再是单纯的企业与企业之间的竞争，而是供应链与供应链之间的竞争，竞争优势的获取基于供应链上下游企业协同所形成的质量、成本和效率优势。比如芯片、锂电池、生物制药等的关键技术和供应链资源，是企业能否生存发展的基础。战略性合作或产业联盟已成为非常重要的一种外部合作形式，能够对接更为重要的战略资源，协同产品研发与创新，构建竞争的护城河，做到进可攻、退可守。现在被经常提到的生态圈，同样是为了更大范围地实现研发、供应链和销售服务的协同，更好地为顾客提供卓越的产品和服务，为社会创造价值。

7.7 卓越绩效模式之过程管理

过程是质量管理体系的基本要素，按照 ISO 9000 族标准的定义，过程是一组将输入转化为输出的相互关联或相互作用的活动。

过程方法是系统地策划质量管理体系所需的诸多过程，识别和确定这些过程的顺序和相互作用，规定过程的运行方法和要求，控制过程运行，实现预期结果，并持续改进过程，使组织的总体业绩得到显著提高，实现顾客满意。在 ISO 9000 族标准中，过程管理的主要的方法是 PDCA，在卓越绩效模式中是"方法—展开—学习—整合"。

组织应基于 ADLI 的方法对过程实施管理：通过识别过程、确定对过程的要求和过程设计，建立方法；通过过程实施，进行方法的展开；通过过程的评价、改进和创新并分享其成果，实现方法的学习和整合，使方法与时俱进，在实践中成熟度不断提升，并使实施方法的各部门之间、实施过程中的各方法之间协调一致、融合互补。

7.7.1 过程的识别

组织应采用过程方法，梳理、确定主要产品、服务及经营全过程。

组织应明确当前的和应持续增进的核心竞争力，在识别组织全过程基础上，考虑与核心竞争力的关联程度，定量或定性地分析这些过程对组织盈利能力和取得成功的贡献，确定组织的关键过程。

通常在这部分出现的问题是组织在进行过程识别时，遗漏了非常重要的过程，或者将自己不擅长的领域确定为关键过程。现在有的手机企业只负责设计手机框架，里面的芯片、成像模块全部依赖外部，制造环节也全部委托外部合作伙伴。企业不能将所有过程外包，一定要掌握自己核心领域的核心技术。

组织对已确定的过程要明确过程要求，如质量、生产率、成本、周期、准时率、环境及安全要求等，应清晰明确、具体和可测量。

7.7.2 过程的设计

在过程设计中，组织应有效利用新技术和组织的知识；考虑未来可能的变化，有前瞻性地提出预案或预留接口；考虑过程的敏捷性，即当组织战略和市场变化时能够快速反应，从一种产品转向另一种产品时，能够快速地适应这种变化，也就是柔性制造技术；综合考虑质量、安全、周期、生产率、节能降耗、环境保护、成本等有效性和效率相关因素，将对过程的要求转化为关键绩效指标，这些指标应是可测量并量化的。

过程设计的输出一般包括流程图、程序或作业指导书及关键绩效指标。当过程试运行达不到要求或过程要求发生变化时，应进行过程评价和改进，必要时进行过程的重新设计。

在应急响应系统的建立中，组织应根据行业实际，识别和评估可能对安全、健康、环境和运营（包括信息系统）造成显著影响的潜在突发事件，比如火灾、爆炸、洪水、地震、台风及传染病等，建立相关应急预案并定期演练，确保当突发事件发生时能够快速启动应急预案，规避风险、减少危害；系统地考虑灾前预防准备，灾中应急响应、评估和处置管理，以及灾后恢复；在确保安全、健康和环境的前提下，确保运营的连续性。

7.7.3 过程的实施

组织应该将关键绩效指标用于监测和控制关键过程，可在过程中监测，也可通过顾客和其他相关方的反馈来监测；针对关键绩效指标及过程因素，运用适当的统计技术，如统计过程控制、测量系统分析等，控制和管理关键过程，使之稳定受控；利用来自顾客、供方和其他相关方的信息，及时对过程进行调整，并应用质量成本管理、价值工程等方法，优化关键过程的整体成本。

7.7.4 过程的改进

组织应通过分析关键过程的关键绩效指标的水平、趋势，并与适宜的竞争对手和标杆对比，以评价过程实施的有效性和效率，推动过程的改进和创新，使关键过程与发展方向和业务需要保持一致。

为了达到更好的过程绩效，减少波动与非增值活动，组织可应用合理化建议和技术革新、QC 小组、六西格玛、精益生产、业务流程再造以及其他方法。

过程改进的成果和教训应列入组织的知识资产，在各部门和过程中分享，适当时，可与顾客、供方和合作伙伴分享，以及在行业内或跨行业分享。

过程管理是组织运营最重要的环节，通常分为研发、生产、供应链、营销、服务等过程，也包括人力资源、财务、信息化、品牌等过程。每个过程都应该系统地进行识别、设计、实施和改进管理，过程中还有子过程，环环相扣。

7.8　卓越绩效模式之测量、分析与改进

组织应测量、分析、评价组织绩效，支持组织的战略制定和部署，促进组织战略和运营管理的协调一致，推动改进和创新，提升组织的核心竞争力。组织应理解卓越绩效模式的精髓，也就是"两横一纵"。测量、分析与改进是组织从传统管理发展到信息化管理，最终到数字化管理的特别重要的部分，因为这个内容构成了组织数据的来源，确定了数据之间的关系，以及数据质量评价的标准。最终，组织能否将数据转化为继土地、劳动力、技术和资本之后的第五大生产要素，构建数据前台、中台和后台，并逐渐由数据驱动企业的运营和发展，是未来组织核心竞争力高低的重要决定因素。

7.8.1　绩效测量

组织的战略部署涉及建立一个涵盖所有关键领域和相关方的关键绩效指标系统，以监测实施计划的进展。组织应与战略部署协调一致，建立一个整合的关键绩效指标测量、分析和评价系统，涵盖各层次以及所

有部门、过程，监测战略实施和组织运作，并动态调整。

组织应明确关键绩效指标，建立适合的测量方法，以客观、准确地监测组织的运作情况及组织的整体绩效，为战略决策和日常决策、为改进和创新提供支持。

针对关键绩效指标及关键活动，分辨、收集和有效应用关键的绩效对比数据，包括内部对比、竞争对比和标杆对比数据，还有组织内部、行业内或行业外标杆的最佳实践等。对绩效指标、指标值、测量方法等进行适时评价，使测量系统的各要素能够随着内外部环境的快速变化和战略的调整进行动态的、灵活的调整，以保持协调一致。

7.8.2 绩效分析

组织应在绩效测量的基础上开展绩效分析、评价和决策。

在战略制定过程和战略部署、日常运作过程中，都需要开展绩效分析，包括趋势分析、对比分析、因果分析和相关分析等，以找出绩效数据及信息的内在规律和彼此之间的关系，支持绩效评价，帮助确定根本原因和资源使用的重点。

组织的绩效评价应由高层领导主持，不仅要评价自身长、短期目标和计划的达成情况，而且要考虑在竞争性环境下的绩效对比，并评价组织应对内外部环境变化和挑战的快速反应能力。绩效评价的输入包括绩效数据和信息的测量、分析结果、管理体系审核、卓越绩效评价的结果、战略实施计划、改进和创新举措的实施状况、内外部环境的变化等。

组织应综合考虑存在的问题的影响、紧急程度以及绩效趋势与对比等因素，识别改进的优先次序和创新机会，将评价结果转化为具体的改进和创新举措，使有限的资源配置到最需要改进和创新的地方。当改进和创新举措涉及外部时，还需要将范围扩展至供方和合作伙伴。

7.8.3 改进与创新

改进与创新的管理是一个 PDCA 循环，包括对改进和创新进行策划、实施、测量改进与创新活动，评价改进与创新的成果。

组织应结合战略及其实施计划，根据内外部顾客和其他相关方的要求，基于关键绩效指标的层层分解，制定组织各层次和所有部门、过程的改进与创新计划和目标，使改进活动与组织整体目标保持一致。创新的形式包括原始创新（前所未有的重大科学发现、技术发明、原理性主导技术等）、集成创新（通过对各种现有技术的有效集成，形成有市场竞争力的新产品或管理方法）和引进消化吸收再创新（在引进国内外先进技术的基础上，学习、分析、借鉴，进行再创新，形成具有自主知识产权的新技术）。

组织在实施、测量改进与创新活动时，应做到组织到位、职责落实、制度完善、方法多样，并采用适当的方式进行跟踪管理；组织应对改进成果进行科学、全面地评价，分析它对盈利能力和实现组织战略目标的贡献，建立符合组织自身特点的激励政策，并分享、推广改进的成果，使改进活动步入良性循环。

组织应应用科学的改进与创新方法、工具，比如：员工提合理化建议和开展 QC 小组活动，组织开展六西格玛管理、业务流程再造等。组织还要应用 QC 新老七种工具、失效模式与影响分析、假设检验、方差分析、回归分析、试验设计等统计技术和其他工具，另外也要应用

TRIZ 等用于发明创造的方法。很多组织都设立了研发中心,搭建了产、学、研、用一体的创新体系,涉及重大创新需要相关基础设施的支持时,组织也应该建立促进全员创新的文化氛围和具有竞争力的创新管理体系。

7.9 卓越绩效模式之结果

结果即经营结果,包括产品和服务、顾客与市场、财务、资源、过程有效性和领导等方面的绩效结果,体现了为顾客、股东、员工、供方及合作伙伴与社会创造的价值,并为评价和改进产品、服务和经营质量提供信息。

组织应基于"水平—趋势—对比—整合"(Levels—Trends—Comparisons—Integration,Le—T—C—I)对结果实施管理:描述它至少近三年的关键绩效指标结果数据,以反映绩效的当前水平和趋势;与竞争对手和标杆的数据进行对比,反映组织在相关绩效方面的行业地位、竞争优势和存在的差距;并使所描述的结果指标与在"组织概述"和"过程"中确定的关键绩效要求及指标相呼应。

7.9.1 产品和服务结果

主要产品和服务的关键绩效指标,包括主要产品和服务的质量特性、可靠性、性价比、交付周期或准时交付率、顾客服务或技术支持等方面的指标。

主要产品和服务的特色和创新成果,包括企业奖项和荣誉、品牌价值、科技进步奖产品、专利产品、新产品或新服务,以及产品和服务在质量安全、环保低碳和资源节约等方面的特色等。

7.9.2　以顾客为中心的结果

顾客满意的关键绩效指标及其当前水平和趋势,包括按照具体测评项目、顾客群及细分市场等分析出的细分数据,必要时还可包括细分数据的对比,以便组织寻找改进机会。

7.9.3　市场结果

市场方面的关键绩效指标以及当前水平和趋势,包括市场占有率、市场排名、业务增长率、新增市场区域及出口、电子商务销售收入等。

7.9.4　财务结果

组织应描述自己在财务方面的关键绩效指标及其当前的水平和趋势,其中应包括适当的对比性数据。财务方面的关键绩效指标包括主营业务收入、投资收益、营业外收入、利润总额、总资产贡献率、资本保值增值率、资产负债率、流动资金周转率等,但不限于这些指标。

7.9.5　资源结果

▶ 工作的组织和管理方面的关键绩效指标包括:简化管理层级和岗位的数量、组建跨职能小组的数量、岗位轮换率、员工晋升率、员工流失率以及管理人员比例的变化等。

- 员工绩效管理的关键绩效指标包括：全员劳动生产率、人均利税率、员工薪酬增长率、对员工的各类表彰和奖励数量等。
- 员工学习与发展的关键绩效指标包括：人均培训时间和经费投入、员工培训满意度，以及培训前后员工绩效对比、交叉培训以及职业发展等。
- 员工权益与满意程度的关键绩效指标包括：员工职业健康和安全指标、员工离职率、员工保险费用、员工休假天数、员工福利支出、员工满意度及其细分结果，以及技术创新、合理化建议和 QC 小组的数量等。
- 财务资源结果的关键绩效指标包括：银行授信额度、现金流等。
- 信息和知识资源结果的关键绩效指标包括：信息系统的投资额、软件系统的开发和应用水平、计算机服务器和便携式终端的数量、知识资产的积累，以及软硬件的可靠性、安全性和易用性方面的指标等。
- 技术资源结果的关键绩效指标包括：研发经费支出及占销售收入的比例、新产品产值率、专利数量、科技进步奖数量等。
- 基础设施资源结果的关键绩效指标包括：办公场所和厂房面积、关键设备数量、基本建设投资额、技术改造投资额等。
- 相关方关系资源结果的关键绩效指标包括：供应商总数量、长期合作供应商和合作伙伴的数量或比例、战略联盟的数量等。

7.9.6 过程有效性结果

过程有效性结果体现在以下几个方面。

- 研发过程中的新产品设计周期、新产品数量及设计成功率等。
- 市场营销过程中的中标率、订单预测准确率、订单收入、销售收入等。
- 采购供应过程中的进货批合格率及准时交货率、采购成本降低率、关键供方营业收入增长率等。
- 生产过程中的一次合格率、准时交货率、产量、生产周期、生产成本等。
- 服务过程中的维修满意率、故障排除时间及网络接通率等。
- 设备管理过程中的设备完好率、设备利用率等。
- 财务管理过程中的预算准确率、应收账款回收率等。
- 信息和知识管理过程中反映准确性、完整性、可靠性、及时性、安全性和保密性的测量指标,以及知识资产的分享和推广应用增值效果等。

7.9.7 领导方面的结果

组织应描述以下五个方面的关键绩效指标及其当前水平和趋势。

- 在实现战略目标方面的关键绩效指标包括:战略完成率、战略目标实现率、实施计划完成率、关键绩效指标达成率等。
- 在组织治理方面的关键绩效指标包括:独立董事百分比、内外部审计结果及其利用方面的绩效指标、股东及其他相关方权益方面的绩效指标等。
- 在公共责任方面的关键绩效指标包括:废气、废水、废渣排放指标,噪声监测,万元产值能耗及水耗,碳排放水平,原材料等资源利用率，职业健康和安全事件率，产品质量安全事故以及应急准备和响应等。
- 在道德行为方面的关键绩效指标包括：遵守道德规范情况的调查指标、诚信等级、违背道德规范的事件数，顾客、供方以及市场监管、环保、税务、海关、审计、银行及法律等机构对组织诚信等级或程度的评估。
- 在公益支持方面的关键绩效指标包括：对文化、教育、卫生、慈善、社区、行业发展和环境保护等公益事业的支持等。

PART 4
第4篇

U形曲线

CHAPTER 8 | 第 8 章

神奇的 U 形曲线

"卓越绩效模式"是美国企业界和管理界公认的有效的管理模式，该模式适用于企业、医院和学校。世界各国许多企业纷纷引入实施，其中施乐公司、通用公司、微软公司、摩托罗拉公司等都是运用卓越绩效模式取得出色经营结果的典范。我们在对中国的 203 家上市公司的质量管理实践与财务绩效的研究中，得出了质量与财务之间的正相关关系，关系曲线呈现出"U"形。从全面导入卓越绩效模式开始，企业财务绩效呈现下降趋势，到了第 4～5 年开始上升，大约在第 10 年这个趋势进一步放大，企业财务绩效与对照组差距越来越大。这个结论的发现，也是我的这篇论文的最大价值点，这条曲线非常清晰地告诉我们全面质量管理实践的作用机理。就像我们锻炼身体，开始时颇为不适，随着时间推移，坚持不懈，就会渐入佳境。

8.1　质量管理实践活动与企业财务绩效

在任何企业的任何阶段，资源都是有限的，企业为了实现其战略目标，必须将有限的资源优先分配给关键性的活动。人想要提升认知和行动能力，非常重要的就是建立一个系统的思考和行动架构，卓越绩效模式是一个科学、全面、进取的架构，兼具攻防两方面的特征。本章内容源于我的博士课程学习和论文成果，回答了这几个核心问题：做质量管理对企业财务绩效有作用吗？有什么作用？是怎样发挥作用的？我发现，这其实是非常复杂的问题，第一质量管理概念的内涵和外延在不断发展和演变，第二企业绩效也是在不断变化的。历史上大量的研究和实践成果总体上对质量管理是持正面评价的，认为做质量管理是好的；也有一些反面的观点，认为影响企业发展的要素有很多，质量管理的作用有，但是不大。

因此，我在张晓波教授、Sarah Wu 教授和宋志平教授指导下，确定了论文题目、主要假设和研究框架，开始了艰苦而又令人兴奋的研究路程。在这期间，我得到了北京大学国家发展研究院 DPS 博士项目主任张宇伟老师、王进杰老师，以及美国福坦莫大学加贝利商学院颜安院长大力支持和帮助。最后的结果令人振奋，通过对大量数据的研究，我们发现了质量管理的 U 形曲线，通过将研究对象和对照组企业对比后发现，做好质量管理的企业，如果以十年为一个周期，一开始财务绩效会下降，三到五年会下降到谷底，之后财务绩效会提升，到了十年之后，企业财务绩效会大幅度优于没有开展质量管理的企业。这是本书最核心的创新点：从实证的角度，证实了做好质量管理是企业可持续发展的底层逻辑。

第 8 章　神奇的 U 形曲线

企业绩效是管理领域研究人员都会感兴趣的终极因变量，但其定义至今仍然没有达成一致。理论创新往往滞后于实践的发展，但我们一直都想分析清楚企业在质量管理方面的投入与财务绩效之间的关联。我在对行业内学者的观点分析和总结后发现，对于企业绩效，多数研究者的观点是在一定时期内，企业通过一系列行为创造的用财务指标和非财务指标体现的价值的总称。

关于质量管理，根据美国北卡罗来纳大学的阿尔波特·林克教授和达特茅斯学院的约翰·斯哥特教授的一项研究，成果显示波多里奇奖每年可带来的收益大约为 240.65 亿元，收益与成本比率保守估计为 207∶1。

此外，我们还意识到质量管理不是一蹴而就的，这需要跨越相当长时间持续投入，而对于企业经营者来说，在平衡质量和销售等方面时，往往更加重视短期利益，忽视长期质量战略与持续的技术研发投入。因此，我在这里引入一个经济领域名词——"时滞效应"，给质量管理评价增加了一个时间维度。时滞是时间滞后的简称，时滞效应通常用于金融、经济领域，如货币时滞是指货币行动与其效果之间的时间距离，即从货币供应量增加到物价普遍提高有一个较长时间的传导过程。在质量管理中引入时滞效应，用以说明质量管理实践导入与企业财务绩效开始改善呈现出积极效果之间存在时间距离。

在确定这些之后，我们就可以通过卓越绩效模式观察质量管理实践活动对企业财务绩效带来的影响。

TQM 实践对企业绩效的作用一直是质量管理研究和关注的热点。而 TQM 实践作为一种管理哲学是一个多变量模型，而不是一个多维度存在高阶因素的模型。目前在对 TQM 实践与企业绩效关系的探讨中，学者们通常通过不同的绩效类型研究 TQM 与企业绩效之间的关系，如财务、创新、运营和质量绩效。大部分研究都实证了 TQM 实践对企业绩效产生了积极影响。在这里我对不同学者的研究成果做了整理，作为探讨的基础。

Hendricks 和 Singhal（1997）通过对 600 家荣获波多里奇奖的上市企业进行了研究，通过对这些企业的客观数据的严格统计分析表明，当 TQM 得到有效实施时，企业的财务绩效会得到显著改善。

Prajogo 和 Sohal（2003）研究指出，虽然 TQM 对各种绩效类型的影响是不一致的，但质量绩效通常表现出强而积极的关系。从与企业质量绩效的关系看，Tarí 等（2007）通过对西班牙 106 家认证企业的调研发现，研究中的九项 TQM 实践措施都直接或间接影响质量绩效。从与企业创新绩效的关系看，TQM 实践对创新绩效的影响主要有以下几方面：促进新产品开发过程中重视客户；促使企业形成持续改进的思想，将产品开发作为一个过程；促进部门之间的合作与协调；促进企业或者组织间的沟通与知识分享。TQM 实践可以分为基础 TQM 实践和核心 TQM 实践两类，研究发现，基础 TQM 实践能够提升产品开发能力，进而提升新产品开发绩效，而核心 TQM 实践对新产品开发能力的影响不显著，且对新产品开发绩效有一定的阻碍作用。

Alonso-Almeida 等（2013）对西班牙中小旅游企业调查后发现，积极推行 TQM 的企业能够获得更大的收益。然而从维度细分的研究结论并不是那么令人振奋，Powell（1995）发现，TQM 实践与企业绩效之间存在正相关关系，但该关系比较弱，只有管理承诺、开放性组织、员工授权三项内容与企业绩效之间存在显著相关关系。王仁鹏等（2002）研究表明，领导是整个 TQM 模型的启动和支撑部分，对其他要素有显著的直接和间接作用。Sila(2007)的研究发现，只有员工承诺、共享愿景、关注顾客等软性实践要素能够显著影响企业的绩效与质量。

此外，从微观角度的研究发现，TQM对员工态度也产生了积极影响，培训与教育对工作投入、工作满意度、组织承诺产生积极影响。授权与团队管理能够提高工作满意度、职业满意度与组织承诺，持续提高与问题预防能够显著提高工作满意度与组织承诺。但是顾客聚焦并没有对工作投入、工作满意度、职业满意度、组织承诺产生积极影响。

总体来说，TQM实践能够提升企业绩效，对财务绩效有积极影响。基于卓越绩效模式的TQM实践涵盖领导，战略，资源，顾客与市场，过程管理，测量、分析与改进六个方面的内容。有能力的领导，合理的战略，增加企业的资源，聚焦顾客与市场，进行过程控制与管理以及持续的改进都有利于提高市场绩效、降低内部运营成本，进而提高企业的财务绩效。

因此，在前人的研究基础上，我提出以下假设。

假设1：TQM实践对企业财务绩效具有积极影响。

假设2：TQM实践的六个要素对企业财务绩效影响方面存在协同作用，并且存在对企业财务绩效影响的关键要素，该要素对企业财务绩效起着重要的作用。

假设3：TQM实践对企业财务绩效的影响具有时滞效应，且导入时间与企业财务绩效各指标增长率呈U形关系。

8.2　U形曲线相关

上一节中我已经提出了假设，接下来就是验证假设。我从证券公司获得了 2017 年中国 A 股上市企业的 3626 家企业基本信息和历年财务经营绩效，从北京海德国际质量技术研究院和中国国家市场监督管理总局获得我国的全国质量奖和北京、浙江、河北、江苏等地的区域质量奖的历年申报名单及获奖情况。

北京为政治、文化中心，也是典型的北方直辖市。浙江地处东部沿海发达地区，企业具有以制造业为主导产业的特点，有几十年的工业发展沉淀。我综合考虑了北京、浙江的情况，以及获取"卓越绩效模式评分表"需要花费的时间，最终选择了北京、浙江申报质量奖企业的 759 份"卓越绩效模式评分表"进行研究。

我选取了 203 家申报全国质量奖以及北京、浙江、河北、江苏质量奖的上市企业为主要研究对象，即实验组。同时，在控制企业成立时间、所在区域、企业规模（即企业员工规模）等情景因素下，选取同类型的未申报质量奖的上市企业作为对照进行比对研究，探讨 TQM 实践与企业财务绩效二者的关系。同时跨越时间，追踪申报质量奖的企业 8 年内的绩效数据，基于该企业当年的质量奖评价数据预测未来 1～8 年的财务绩效。

我通过研究发现，TQM 实践与企业财务绩效确实存在相关性，并且表现出积极的作用。在具体的实证分析中，通过实验组与对照组两组类型的企业的利润总额增长率、净利润增长率及营业利润增长率三个主要财务指标的对比研究，可以明显地发现申报质量奖的企业比未申报质量奖的企业在财务指标的表现上更为优异。TQM 实践的六个要素对财务绩效均表现出了不同的影响，各要素彼此存在交互作用，共同作用于财务绩效，并对企业财务绩效有不同方面的贡献。同时，存在关键要素，即领导和资源。也就是说，领导和资源是影响企业财务绩效的关键要素。

在研究中,我还发现了 TQM 实践对企业绩效存在时滞效应。TQM 实践作用于企业财务绩效的过程是动态发展的,二者之间存在时间距离,具有发挥积极促进作用的时间晚于导入 TQM 实践的特点。从研究的结果上看,企业导入卓越绩效模式的第 4~5 年,企业的主要财务指标开始呈现上升趋势。

为了进一步探讨卓越绩效模式对于样本中的企业是否具有普遍适用性,我对 203 家申报质量奖企业的情况做了进一步的分析,从分析的结果上来看,每家企业的财务绩效均随着导入时间基本上呈现出 U 形变化趋势(见图 8-1)。虽然有个别企业由于上市时间问题造成时间序列不一致,从而使 U 形曲线不完整,但整体上仍然可以看出其变化趋势,这也说明卓越绩效模式的时滞效应具有普遍性。

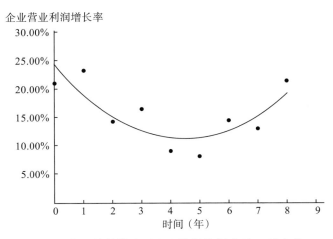

图 8-1 卓越绩效模式对企业绩效的提升呈 U 形变化

那么卓越绩效模式在运行中对企业财务绩效的作用曲线为什么呈 U 形变化?经过分析后我认为,作为一项管理措施,在导入卓越绩效模式初期，企业需要设置对应的岗位，并为之配备专门的资源，包括办公设备等硬性环境资源，也包括培训人员、建立对应的运行体系等具体贯彻活动，这些均需要企业投入成本。这些成本投入在卓越绩效模式运行早期会与卓越绩效模式所带来的积极财务影响产生冲抵，使得企业的实际财务表现看起来并不是那么显著，甚至因为前期投入成本增加造成企业财务指标下降，即 U 形曲线前半段所表现出的现象。卓越绩效模式融入企业管理工作后，企业不需要继续专门为其进行大幅投入，相关工作平稳开展，这时的卓越绩效模式运行稳定成熟，其对企业的积极作用通过领导、资源、顾客与市场等多方面开始显现，最终促使企业获得良好的财务表现，即 U 形曲线后半段的上升现象。

8.3　长期主义与 U 形曲线

前面我们谈到卓越绩效模式构成要素会独立或共同对企业财务指标产生作用，并且领导和资源是影响企业财务绩效的关键要素。

我以卓越绩效模式评价的六个要素作为聚类依据，将申报质量奖的企业分成三个类别，按照打分情况排序为：类别 3 ＞类别 2 ＞类别 1。为了进一步分析不同类别的差异，我以类别为影响因素，对不同类别的财务绩效进行方差分析。当我以为财务绩效表现应该与质量奖评价打分情况表现一致时，有意思的事情发生了：三个类别存在明显的差别。虽然类别 3 的财务数据优于另外两个类别，但是作为质量奖评价打分排在中间的类别 2，其财务数据整体表现是最低的。

结合研究成果及我的从业经验来看，各个要素打分都高的类别 3 财务状况表现也为最佳，这表明卓越绩效模式的六个要素之间存在协同作用，其中领导和资源是关键因素，协同影响企业的战略，顾客与市场，过程管理，测量、分析与改进，促进企业产品、服务质量水平的提升，使得企业可以占领更多的外部市场，进而提高企业的财务绩效水平，这侧面验证了我的发现。而抛开质量奖评价打分和财务表现都是最好的类别3不谈，类别2中企业的卓越绩效评价得分居中，高于类别1，但是类别2的财务表现低于类别1，即类别1＞类别2，与前面三类企业卓越绩效评价打分情况不完全一致。为什么类别2的卓越绩效表现比类别1的卓越绩效表现好，却有更低的财务表现呢？正如前面对卓越绩效模式时滞效应的分析一样，企业实施TQM活动需要投入成本，质量管理不同阶段的投入和产出并非单纯的线性关系，卓越绩效模式六要素间存在协同关系，在实施卓越绩效模式的前期阶段，企业需要投入相对较多的资源运行该管理模式，一定时期内这一成本投入将会拉低企业的财务绩效。类别2的卓越绩效模式平均运行时间为4.98年，结合时滞效应分析结果，此时企业恰好正处在成本投入阶段的后期，是企业绩效最差的时期，因此类别2相较于已经度过成本投入阶段的类别1，拥有相对低的财务绩效表现。这一发现也验证了TQM实践具有时滞性。

对于企业家来说，质量管理是一件值得持之以恒去做的事情，需要持续的投入，正如霍尼韦尔前董事长、前CEO高德威（David Cote）的管理学著作《长期主义：关注短期业绩，更要投资长期增长》所倡导的企业经营理念。2002年，高德威在接手霍尼韦尔时，它正处于破产边缘。而当他于2018年离任时，这家企业复活并成为全球500强硬科技巨头，市值更是从原来的200亿美元飙升至1200亿美元，投资回报率达到了惊人的800%。

高德威对企业管理思维、组织流程、企业文化、投资和增长模式、人事制度进行了一系列调整和优化，通过实践长期主义，实施短期和长期同时发展的战略，高德威成功扭转了全企业短期主义的行事模式，在使霍尼韦尔起死回生的同时，更是实现了高速增长。对于个人和企业管理者来说，了解长期主义的思维和决策模式，并将其应用到个人和企业活动中，具有重要的指导意义。

在充满挑战的时代，真正的长期主义者会在关注短期业绩的同时努力追求长期增长，从而实现个人和公司的可持续发展。

8.4　U形曲线有什么作用

企业的发展受到各种因素的影响，TQM作为企业管理层面的管理方法、工具和理论，已经得到很多企业及政府的认可。作为TQM在实践中的发展典型，卓越绩效模式如今已经在美国等国家广泛展开，如今这一模式已经被许多国家吸收运用，对国家经济高质量发展、企业高质量发展产生了积极的影响。以往研究中，TQM对于企业绩效，特别是财务绩效的影响量化的研究相对较少，TQM构成的各个要素对于财务绩效的影响不明确，同时，对企业财务绩效的影响尚未有相关研究，更没有给出量化的结论。

我以卓越绩效模式为TQM实践的典型代表，通过对那些采用了这一管理模式并参与质量奖评选的上市公司进行研究，从时滞效应视角引入时间序列进行绩效跟踪，分析卓越绩效模式对于财务绩效的影响规律，对卓越绩效模式的作用规律进行了量化分析，质量管理活动与财务绩效的关系通过研究得到验证，得出了基于中国上市公司的结论。这些研究内容和结论丰富了质量管理的研究内容，对帮助企业深刻认识TQM实践，解决对于财务绩效与质量管理之间的关系的困惑，以及为企业家制定决策都提供了具体的数据和结论，同时也为政府等有关决策部门提供参考。

8.5　全面质量管理实践的应用

对上市公司来说，企业的质量涉及治理、绩效和责任三方面。财务绩效是绩效的重要构成，上市公司的质量提升需要有可以落地实施的抓手，而卓越绩效模式是提高整个公司全过程高质量发展能力的质量管理实用工具。通过对中国上市公司卓越绩效模式实施情况和财务绩效的研究可以清晰地发现，卓越绩效模式在实际运行中，领导，资源，战略，顾客与市场，过程管理，测量、分析与改进这六个方面是互相影响、互相支撑的，它们共同对企业财务绩效产生影响，需要全面导入企业管理中，同时领导和资源又是其中的最关键部分。企业在导入运行卓越绩效模式的4年左右，其对财务绩效的积极影响较显著地得到展现。上市公司可以明确地了解卓越绩效模式的积极作用，将其作为提高企业质量的重要工具和抓手。同时上市公司要有心理准备，即采用卓越绩效模式对提高企业财务绩效和企业质量是非常有帮助的，但需要运行一段时间才能显现出效果。上市公司理应为其留出发挥作用的时间，而不是急于求成，陷于短视而错失借助这一优秀管理工具提升自身质量的机会。

对于中小型企业来说，由于导入运行卓越绩效模式确实需要一定资源消耗和成本投入，因此对于这部分企业来说，根据我的研究，它们可以根据自身实际情况，在成本有限的情况下，对卓越绩效模式有重点地进行导入和实施。我发现领导和资源是影响财务绩效的关键要素，中小型企业可以重点开展这两个要素的导入和实施工作。根据卓越绩效模式要素构成，领导包括组织治理、社会责任等内容，资源则包括人力资源、财务资源、信息和知识资源、技术资源、基础设施以及相关方关系这些方面的内容，了解到这些，企业就可以结合自身实际，有的放矢地区分要投入成本的重点，实现效益最大化。

8.6　全面质量管理实践与我国经济的发展

经过一段时间的快速发展，我国经济面临转型的迫切需求，为此提出了战略转型、高质量发展的目标。经济要实现高质量发展，需要通过一定路径和方法。我通过 TQM 实践对企业财务绩效的影响的研究，以及本书中前文对美国、日本、德国等世界范围内经济强国的发展分析，得出 TQM 实践可以通过质量提升促进企业绩效的提高、提升经济发展水平的结论。通过质量奖评选对中国上市公司的 TQM 的实践加以检验，对这些公司的财务绩效进行跟踪，了解到 TQM 实践典型形式——卓越绩效模式导入上市公司的情况对上市公司财务绩效的影响规律，有助于我国企业更好地推广、利用这一管理模式，促进经济高质量发展。

8.7　重新认识全面质量管理实践与企业绩效的关系

我对 TQM 实践与企业绩效的关系总结如下。

企业通过导入卓越绩效模式实施全面管理实践，并不能在短期内取得良好的绩效表现，质量管理实践与企业财务绩效之间存在时间距离，即质量管理实践对企业绩效的作用存在时滞效应，企业在导入卓越绩效模式之后，要经历四年左右企业财务绩效才开始有明显良好的表现，发展曲线呈现出 U 形变化的规律。

在深入探讨卓越绩效模式六个要素分别与财务绩效的关系后，我们发现并不是所有的要素都能对财务绩效产生积极影响，各要素对不同的财务指标有不同的影响，且当所有要素共同作用于财务绩效时，各要素之间存在相互作用。通过研究发现，领导和资源是影响企业财务绩效的关键要素，这一结论可以帮助企业了解哪些方面是需要着重关注和加强改善的，企业可以根据自身实际情况量力而行，提高质量管理水平和质量，增强竞争力。

第 9 章 | CHAPTER 9

工业革命与质量创新
——数字化如何影响质量管理

当今数字化正以前所未有的速度改变企业的发展模式，也深刻影响了社会经济发展的方方面面。数字经济占比逐年提高，从快餐外卖到智能化工厂，企业的产品和服务的逻辑发生了变化。传统管理学的对象是以人为基本单元的，从泰勒的科学管理，到德鲁克的管理实践，再到质量管理的系统理论，无不是以人为本的。然而到了数字化时代，我们的管理已不再以人为基本单元，智慧工厂（黑灯工厂）、工业数据标准有很多正在路上。然而，有变化的，就有不变的，标准在变，制造逻辑在变，但是供给和需求的规律是不变的，高质量的产品和服务目的是不变的，就是为客户创造价值，为消费者带来良好的体验。U形曲线符合经济发展供给与需求的基本规律，数字化虚拟世界与物理现实世界是有映射关系的，数字化是一种手段，而不是目的。

9.1 数字化概念

9.1.1 数字化起源

人类社会的发展，离不开科技的进步和工业技术的推动。早期的人类社会中，大脑是处理信息的唯一工具，衣食住行各方面的发展与创新都是由大脑进行处理并推动的。大脑如同一个信息处理器，在接收信息后进行复杂的整合，即所谓的思考，并将这些内容输出，成为人类历史上的各项发明。从 18 世纪 60 年代开始，四次工业革命都伴随着新技术的诞生，蒸汽机、发电机、计算机和互联网分别是四次工业革命最具代表性的发明，机械、电器、信息、数字四个关键词高度概括了工业 1.0 至工业 4.0 时代的进化历程。与前三次工业革命相比，工业 4.0 涵盖了计算和物理网络的多维复杂系统。与传统的嵌入式系统即独立设备的系统不同，工业 4.0 的信息系统的重点是将多个设备联网，万物互联时代正在为许多跨学科的研究——经济学、社会学、计算机科学、工程学团队在未来几年将发展的技术——提供总体概念。数字化指的是使用数据和技术自动化和优化流程，数字转型的目的是通过使用数据、技术提升效率、降低资源消耗和成本，创造新的商业机会。在工业 4.0 时代，数字化制造发挥着至关重要的作用，数字化制造技术是推动这一行业发展的关键因素。在这些技术中，先进的数字解决方案扮演着至关重要的角色，它们由一系列协同工作的工业智能设备，以集成智能传感器和标准化接口为特征的模块化制造系统组成。这些进步正在改变全球范围内产品的设计、生产和服务方式。

2012～2021 年，我国数字经济规模从 11 万亿元增长到 45.5 万亿元，数字经济占国内生产总值比重由 21.6% 提升至 39.8%。我国数字经济规模连续多年位居全球第二，其中电子商务交易额、移动支付交易规模位居全球第一，新技术、新产业、新业态、新模式不断涌现，无论企业的数字化转型，还是数字化的质量发展都推动了经济结构的优化，经济效益也有显著提升。数字经济的驱动引领促进了企业更进一步的高质量发展。

9.1.2 数字孪生

数字孪生（Digital Twin）源自美国密歇根大学教授迈克尔·格里夫斯（Michael Grieves）提出的"信息镜像模型"（Information Mirroring Model），也被称为"数字双胞胎"或"数字化映射"。简而言之，数字孪生就是通过数字化技术将物理世界中正在运行的物体的真实情况在数字世界中近乎真实地复现——由点到面，由离散到连续，复刻出一个数字版的"克隆体"，从而对现实物体的运行进行仿真、分析、预测和优化。⊖

工业制造是数字孪生的主要应用场景，美国国防部最早提出利用数字孪生技术对战斗机进行实时监控和健康维护。美国通用电气公司在为美国国防部提供 F-35 联合攻击机解决方案的时候意识到了数字孪生的价值，并一直致力于研究工业数字化以及工业互联网体系的构建。数字孪生通过复制产品的数字化模型进行仿真测试和验证，为产品的设计和开发提供了高效的平台。在生产建造过程中，数字孪生也可以通过模拟其建造过程，对产品整体性能进行预估和研判，从而促进整个工业制造过

⊖ 周良军，邓斌. 华为数字化转型：企业持续有效增长的新引擎 [M]. 北京：人民邮电出版社，2021.

程快速发展。数字孪生模拟工业制造的全生命周期，能最大化地提高效率、降低风险，通过数字化模型，工程师可以在虚拟空间对工业制造过程进行调试，从而更快地发现问题并及时纠正。

我国智能化无人工厂技术目前已经相当成熟。浙江台州有我国第一家能同时生产常规动力、混合动力、纯电动以及更先进车型的智能工厂，占地面积73万平方米。工程师们在这个和真实工厂完全一样的仿真工厂里，进行虚拟精准调校。在仿真系统中的模拟演练，可以减少人为失误风险，大幅节约制造成本，缩短研发周期。在辽宁沈阳，我国最大的机器人生产基地里，一批机器人正在生产另一批机器人。这是我国第一条实现机器人自我生产的数字化生产线。机器人根据工程师输入的指令，运送配件、涂胶、安装大臂，整个过程完全不需要人工干预。2018年，吉利控股集团制造工程中心的仿真团队已成功研发出了我国第一套全流程汽车仿真生产系统。工程师们用激光扫描仪、数字定位仪采集到四条生产线上的183类47 500个数据，输入仿真系统后建立了一个和现实一模一样的全生产流程数字化仿真工厂。

除了工业制造领域，数字孪生在工程建设领域的应用也非常广泛。建筑师通过对工程的数字化建模，在虚拟空间对工程进行设计、构造以及仿真测试等，评估工程的结构受力以及建筑整体性能。同时也可以在虚拟空间对建筑的施工过程进行预测，对建筑运维阶段进行全方位的跟踪和评估，从而更好地实现建筑为人服务的宗旨。

数字孪生设计领域广泛，其研究重点不仅仅是在虚拟空间，还有物理空间与虚拟空间之间的信息交互，以及数字空间与实体世界之间的融合。智慧城市和数字孪生的结合将会给人们的生活带来跨时代的改变。智慧城市是利用各种信息技术或创新概念，将城市的系统和服务打通、集成，在各行各业之间相互融合，实现精细和动态管理，从而优化城市管理和服务，并最终达成改善市民生活质量的目的。电子游戏《模拟人生》就是将日常生活中的点滴细节全部变成游戏代码，让玩家有虚拟的人生体验，而现在数字孪生和智慧城市结合就可以得到整个城市的虚拟模型。目前智慧城市的建设已经运用到很多地区，这些地区通过数字孪生技术，建造了虚拟的数字城市，在这个城市中模拟一切已经发生或可能发生的事件，并将其与现实的物理城市相结合，对整个城市的管理体系进行数据云处理，这不仅提高效率、降低成本，还能提升整个城市的生活质量，帮助我们不断开拓未知的领域。

9.1.3　区块链

区块链（Blockchain）的概念起源于比特币（Bitcoin），比特币最初由中本聪（Satoshi Nakamoto）在 2008 年 11 月 1 日提出，并于 2009 年 1 月 3 日正式诞生。区块链是将数据区块以顺序连接组成的链条结构，每一个区块存储了自己的数据信息，区块链数据库能够进行自主管理，并以自身密码加密，这种分布式数据可以确保整个链条的安全性，并且可以保证在数据传输和访问过程中不被篡改或伪造。比特币是一种数字货币，它建立在点对点的网络之上，基于密码学的方法，大量计算机的分布式计算经由数据的累积，形成不可篡改的区块链。区块链所记录的信息更加真实可靠，是比特币的核心组成部分，作为所有交易的公共账簿。区块链的整个结构系统没有中心，并且各节点之间独立运行，所有节点的身份平等并且共同维护网络的安全，使其稳定运行。网络本身是开放的，节点可以随时选择加入或者退出。虽然没有一个中心平台进行统一操控，但是存在共同意识推动整个区块链的运行维护，也就是我们常说的自治。

凯文·凯利在《失控》中提到了"蜂巢思维"，其中对群体效应和自治思想进行了描述。一只蜜蜂的力量微乎其微，而一个由工蜂、蜂王以及花粉和蜂窝组成的复杂的蜂巢却是一个拥有超凡智慧的统一整体。一个斑点大的蜜蜂大脑只有6天的记忆，而作为整体的蜂巢所拥有的记忆时长却可以达到3个月之久。"蜂巢思维"的神奇之处在于任何一只蜜蜂的能力和智力都微乎其微，甚至无法通过医学观察任何一只蜜蜂找出蜂巢的特性，但一群蜜蜂组合的群体却被某种神奇的隐形统治者操控，由此产生的共同的蜂巢思维一定超越了它们的个体思维。只有身临其境融合于蜜蜂的群体，才能真正了解蜂群系统的规律，这种时候个体的力量不足以对群体产生影响，而群体模式需要通过整体的表现运行，这就像是一个庞大的网络系统，我们只有真正运行它，才能了解其中蕴藏的结构和体系。凯文·凯利认为，网络是群体的象征。由此产生的群组织恰似一个分布式系统，各个数据信息散布在整个网络，无数的个体思维聚在一起，形成了不可逆转的社会性。它既包含了计算机的逻辑，又包含了大自然的逻辑，进而展现出一种超越任何个体的群体能力。蚁群的高效率协作、鱼群的规律游动、鸟群的"V"形队伍迁徙，都是一种群体行为，通过复杂性的网络逻辑，建造其特有的群体王国。网络世界也正是如此，比特币通过共识算法让无数使用者自发参与，最终形成了一个完美的生态体系。

区块链作为分布式的数据库和共享账本，因其具备去中心化、不可篡改、公开透明、可追溯性等显著特点，深受各行各业的追捧，目前区块链的应用不胜枚举，其商业价值也日渐凸显，涉及领域涵盖建筑、医疗、金融、政务、商业、服务业等。

区块链在农产品溯源系统中的应用已经相当成熟。传统的溯源体系基于数据的收集整理构成一连串可追溯的信息，用以保证食品安全，提高消费者的知情权和满意度，同时为中间商提供安全保障。区块链技术实现了农产品从田间到餐桌全过程的信息跟踪，农产品从种植环节开始就在其区块链中上传实时数据，包括天气、温度、湿度、采摘时间等；在加工过程中，会上传加工工艺、机械操作信息、工人能力、运输及仓储情况等数据；在销售过程中，还会记录顾客购买信息，实时把握产品销售状况。所有这些信息构建了一个完整的数字化供应链管理体系，由于区块链所具备的不可篡改性，保证了其数据的真实可靠，同时大大提高了供应链效率和产品质量。

沃尔玛作为全球最大的零售商，食品安全问题一直是它面对的最大问题，区块链的应用帮助沃尔玛解决了这个难题。沃尔玛和 IBM 联合共同开发了 Food Trust 解决方案，该系统通过区块链让食品供应链过程实现数字化，以有效加强供应链的全面管理。沃尔玛建立的基于区块链的食品供应链将零售商、消费者、物流服务商、平台服务方、供应商、其他相关方以及监管部门连接起来，所有食品供应链参与方能随时上传数据，各方均能共享交易记录，所有数据动态生成、不可篡改。区块链的数据体系与现实业务有机融合，确保参与各方能够实时掌握各个环节的操作情况，无论对于整个食品供应链还是对于各分支环节都能实现最大化的品质监管，不仅提高效率、降低成本，还提升了整个供应链系统的管理水平。

2020 年 1 月，全球首个建材溯源区块链平台——腾讯云微瓴混凝土质量区块链平台在深圳市宝安区正式发布。该平台是行业中第一个基于云端及区块链技术开发的混凝土质量溯源系统，支持多家混凝土搅拌站、施工单位上链，统一管理运营，可以有效帮助有关政府机构加强建筑行业监管。通过区块链技术真实记录混凝土全生命周期质量信息，从而实现了对混凝土质量的实时监管，为整个建材行业的质量监管提供了强有力的技术支撑。

9.1.4 元宇宙

元宇宙（Metaverse）最早出现在科幻作家尼尔·斯蒂芬森1992年出版的小说《雪崩》中。人们在元宇宙里可以拥有自己的虚拟形象，通过虚拟现实和增强现实等工具的应用，基于数字孪生和区块链技术，构想并设计一个专注于用户之间密切联系的社交网络系统。在元宇宙中，每一个用户都可以进行娱乐、社交、消费、内容创作等活动，对数据进行修改和实时编辑。

元宇宙作为平行于现实世界的虚拟世界，拥有完整运行的社会和经济体系，现实中的人们以数字化形式进入虚拟时空生活，并获得无限接近于真实的体验。1999年上映的《黑客帝国》是最早将元宇宙的概念可视化的电影，电影描述了一个名为"Matrix"的虚拟世界，人类被AI控制，生活在其构建的虚拟世界中。元宇宙不同于虚拟游戏的最大特点是，你退出游戏之后，虚拟游戏创造的这个世界就关闭了；在元宇宙，无论你是否进入，这个虚拟世界始终在独立运行，其他人可以通过不同端口随时随地接入，对这个世界做出改变。

2021年，元宇宙的概念迎来一波大爆发，各国企业开始在元宇宙方面布局。2021年底，Facebook正式更名为Meta，其创始人马克·扎克伯格认为元宇宙的本质是一种存在感——就像你和另一个人在一起或者在另一个地方。他希望在未来十年，元宇宙能覆盖十亿人，承载数千亿美元的数字商务，并为数百万创造者和开发者提供就业机会。

元宇宙是依托于人工智能、数字孪生、区块链等数字化技术产生的一种新的数字化应用科技。元宇宙不只需要虚拟世界，而且是虚拟世界与现实世界的相互融合。不同于数字孪生技术以虚拟环境为核心，在元宇宙中，人作为核心可以在其中获得实时的交流互动体验。目前元宇宙仍然处于开发阶段，还需要很多硬件和软件系统的技术支持才能获得真正意义上与现实世界无差别的切身体验。近些年元宇宙理念应用最广泛的还是游戏产品、网络商店推出的虚拟购物、线上教育以及虚拟会议室，但我们完全有理由相信和期待元宇宙所带来的世界，过不了多久，人们便可以以数字化形象出现在元宇宙中的某个会议室，每个人都能身临其境地共享一张会议桌或享受一份美食，光照、味道、声音以及触感都与现实世界如出一辙。

9.2 数字化标准

基于大数据时代的信息化和智能化技术，人工智能的开发在各行各业中都得到了广泛的应用。Watson 是由 IBM 研发的采用认知计算系统的商业人工智能平台，具备强大的自然语言理解、推理、学习能力，并能够以自然的方式与人互动交流。Watson 的工作具有三大能力：理解、推理和学习。

▶ 理解能力：Watson 具有强大的理解能力，通过自然语言理解技术，处理结构化与非结构化数据，与用户进行智能交互，从而理解并解决用户提出的问题。
- 推理能力：Watson 有智能的逻辑思考能力，通过假设生成数据，揭示洞察、模式和关系，将散落在各处的知识片段连接起来，进行推理、分析、对比、归纳、总结和论证，洞察后获取决策的证据。
- 学习能力：Watson 通过以证据为基础的学习能力，以及专家训练获取反馈，优化模型，不断进步。㊀

"沃森肿瘤专家"（Watson for Oncology）是 Watson 的产品之一，主要应用于肿瘤医学领域并辅助肿瘤治疗，以实证为基础提供治疗方案建议。IBM 联合纪念斯隆–凯特琳癌症中心，基于美国国家综合癌症网络（NCCN）癌症治疗指南和其在美国 100 多年癌症临床治疗实践经验，开发出的 Watson 能够结合该领域专业知识，协助肿瘤专家解决问题，深度评估和分析每一个病人的具体情况，从而给出治疗方案。

如今，Watson 已经被运用到超过 35 个国家的 17 个产业领域。在医疗保健领域，Watson 可以收集并分析大量病例，通过病人描述病情，给出诊断方案并提出相关的治疗方案，同时可以为需要医疗保健的人员提出合理的养生计划，配合专家助力全民健康事业。另外，基于庞大的大数据系统和认知计算能力，Watson 未来还可以有超强的分析能力，例如 IBM 正在开发一项能够对低血糖症状发出预警的技术，可以为患者留出充足的时间采取预防行动。基于 Watson 目前已经上线的各项技术，我们不难预测未来人类的生活少不了人工智能的参与，数字化时代的进步更加推动了人工智能与人类的进一步融合。

㊀ 何萍. 区域医疗专家预约云服务系统的建模与优化研究 [D]. 上海：东华大学，2017.

在过去，质量管理的主体是人，在工业 4.0 时代，我们的工作重心要开始转向如何对数据进行质量管理。在运用人工智能的同时，确保数据的质量管理，建立数据质量标准，形成一整套可操控、可追溯的数据质量认证体系，将为数据质量的发展提供保障。

9.2.1　工业数据及数据质量标准化

工业大数据是指在工业领域中，围绕典型智能制造模式，从客户需求到销售、订单、计划、研发、设计、工艺、制造、采购、供应、库存、发货和交付、售后服务、运维、报废或回收再制造等产品全生命周期各个环节所产生的各类数据及相关技术和应用的总称。工业大数据具备以下四个特征。

- 价值性：工业大数据更加强调用户价值驱动和数据本身的可用性。
- 实时性：工业大数据在数据采集频率、数据处理、数据分析、异常发现和应对等方面均具有很高的实时性要求。
- 准确性：工业大数据的真实性、完整性和可靠性更受关注。
- 闭环性：工业大数据涵盖产品全生命周期横向过程中数据链条的封闭和关联，以及智能制造纵向数据采集和处理过程中动态持续调整和优化。

2012 年 11 月，美国通用电气公司发布了《工业互联网：打破智慧与机器的边界》，首次提出了工业互联网的概念，其代表的是一个开放的、全球化的，将人、数据和机器连接起来的网络，核心三要素包括智能设备、先进的数据分析工具以及人与设备的交互接口。

工业数据（即数字孪生车间）是物理车间、虚拟车间与车间服务系统三部分的核心驱动。

工业大数据具有众多独特性，相应存在三个显著的数据质量特点。

- 规模大——数据规模越大就越有可能在获取、存储、传输和计算过程中产生更多的错误。
- 高速性——数据的大量更新会导致过时数据迅速产生，在这个过程中也更易于产生不一致数据，为人工错误检测与修复带来困难。
- 多样性——大数据的多样性指的是数据来源和形式上的多样，这就使得数据有更大的可能产生不一致和冲突。

基于数据质量的基本概念以及数据本身真实性、完备性、自洽性的特点，中国标准化研究院根据研究对数据质量管理提出了以质量规则为核心的"五步循环论"，即探查和评估数据质量、定义数据质量规则和目标、设计并实施改进方案、评估数据改进体系的效果、持续质量改进及规则优化。依据五步循环论和数据质量评测的流程，构建了数据质量框架体系（见图9-1）。

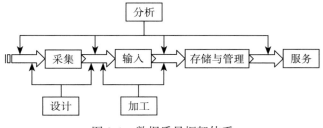

图9-1 数据质量框架体系

与数据质量直接相关的内容主要包括采集人员素质、仪器设备（传感器）、试剂原料、环境等。数据从采集器通过有效手段载入数据存储和管理系统中，影响数据质量的因素有两个。

- 设备自动导入：仪器设备及系统的状态和参数设定。
- 人工导入（含人工辅助的半自动导入）：操作者的素质。

在质量控制和保障中应当重点关注存储介质、环境以及管理系统的安全性、可访问性等质量维度。在数据服务阶段，系统的友好性、易用性和所产出信息的可信性、客观性都是质量控制和保障的维度。

数据质量国际标准以 ISO 8000 为核心，ISO 8000 为提高特定数据的数据质量提供了框架，定义了与数据质量相关的数据特征，以及适用于这些特征的需求，还给出了提高数据质量的指南。ISO 8000 适用于数据生命周期的各个阶段。⊖国内先后推出了《工业数据质量 通用技术规范》（GB/T 39400—2020）、《CAD/CAM 数据质量保证方法》(GB/T 18784.2—2005）、《系统与软件工程 系统与软件质量要求和评价（SQuaRE）第 12 部分：数据质量模型》（GB/T 25000.12—2017）、《系统与软件工程 系统与软件质量要求和评价（SQuaRE）第 24 部分：数据质量测量》（GB/T 25000.24—2017）等专业领域的数据质量规范。

9.2.2　数字领导力

数字化变革推动了各个行业的深刻变革。近些年来，我切身感受到了这种快速的变化让我们企业运营管理方式、产品服务提供方式、客户

⊖ 王志强，杨青海．科学数据质量及其标准化研究 [J]．标准科学，2019(3):25-30.

第9章 工业革命与质量创新——数字化如何影响质量管理

关系存在方式都发生了巨大的变化，甚至是很多底层的商业逻辑也发生了颠覆性的变化。如果我们还用传统的思维规划数字化时代的战略，或者我们还用传统的方式对待数字化时代的客户，显然是无法获得成功的。下面这个数字化领导力模型（见图9-2），主要是基于我自己的另一个角色而开发，是我作为一个领导力教练，在从事企业数字化研究和转型过程中的经验和教训的总结。我一直在研究数字化转型和质量管理之间的关系，数字化转型颠覆了很多原来的商业逻辑和管理学常识。数字化转型需要强有力地推动，需要持之以恒地努力和坚持，因此领导力就显得尤为重要。

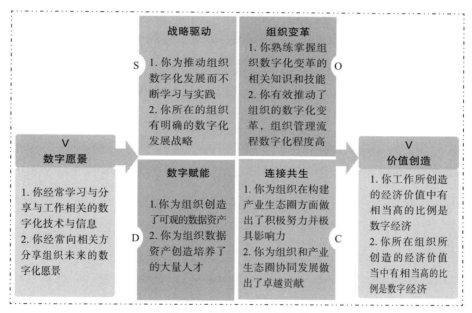

图9-2 数字化领导力模型

过去十年，技术的创新与商业的迭代接连不断。以5G为代表的通信技术的发展趋势带动了数字化变革。未来十年，产业技术的创新与通

231

信基础设施的融合发展，将会共同推动企业数字化变革。结合哈佛大学等科研机构的研究和大量企业的数字化变革案例，从领导力发展的角度，我总结出了企业数字化战略的五个点。

1. 企业文化重塑

企业的数字化转型是"一把手"工程，是一场革命。数字化转型不一定成功，但是不转型一定会失败。商业逻辑的变化是企业文化重塑的外部条件，通过数字化技术可以实现需求和供给大范围的协同，组织和组织之间的边界进一步消失，而这时需要更加开放的心态，才能适应这种变化，将外部变革大潮的力量转化为内部创新发展的行动。

2. 企业战略重塑

数字化首先要对企业的产品、服务重新定位，企业提供产品服务的方式、与客户沟通的方式，供应链、资金链、数据链都发生了颠覆性变化。随之而来的是社会生产组织方式和生产要素流动方式的变化。跨界融合与颠覆性创新发生的概率和频率都大幅度提高了。因此企业战略必须重塑，而且制定企业战略的逻辑也变了。我们应重新审视自己所在的行业，变革大潮势不可挡，但是有规律可循。看清大势之后，要根据自己企业的要素禀赋和比较优势制定企业战略，也就是要找到自己高于行业平均水平的核心竞争力。企业提供的产品和服务，要么有质量优势，要么有极大的成本优势，否则在数字化环境下随时会被替代。在这样的内外部环境下，传统的战略管理理论依然有效。

3. 企业组织重塑

企业组织结构必须适应外部环境变化，治理结构更加多元，组织结构更加扁平，内外生态更加趋于共生。企业边界进一步模糊，去中心化是大的方向。组织结构是一个组织适应生产制造和服务特点的具体体现，同时是质量管理体系存在的重要依托，组织机构必须适应组织战略和生产技术模式的变化。最早的组织结构信息化只是一个部门，现在是所有部门都要完成数字化转型的工作。

4. 管理重塑

企业的业务流程需要重新梳理，管理手段也应发生巨大的变化。企业需要建立数据前台、数据中台和数据后台。企业必须开始建立自己的数据资产体系。企业的组织结构变了，管理体系也随之变化。原来的管理体系由传统生产要素驱动，现在要逐步转化为由数据驱动。比如，电商平台可以根据消费者偏好自动推送产品实现销售；设计师只提供部分关键参数，后台大数据和AI可以自动完成产品设计图纸。如果是完全智能化的工厂，它的管理体系还会有不同。现在有的行业走得快一些，有的行业走得慢一些，但是大方向肯定是不变的。

5. 数字化变革的步骤

探索式规划，即渐进式变革。企业整体进行数字化变革成功概率是非常低的，除非企业初创时就是一个彻底的数字化企业。渐进式变革应从业务痛点开始，以提升客户体验和满意度为目标，数字化变革不是一蹴而就的，而是漫漫征程。最为重要的就是在传统的"人、机、料、法、环"都发生变化的情况下，令数字服务与物理现实生产服务环节相关联，做好质量管理。这确实是一场伟大的革命，也是巨大的机遇。

另外，数字化时代的一个特别重要的特点，就是技术直接带动业务创新，一个新的技术出现，业务模式很快就会创新和迭代。

9.3 企业数字化转型

9.3.1 企业数字化转型方向

在提高企业竞争力和促进成功发展的关键因素中,越来越多地提到了数字化转型,数字化转型深刻地影响着各类企业和现有经济体。工业4.0时代,通过电子方式开展的业务数量已经大幅增加,各类企业将其战略和信息系统数字化以改善业务运营方式。数字化转型是对技术和商业模式的调整或重新投资,以更有效地在客户体验生命周期的每个节点吸引消费者。此外,数字化还可以帮助企业提高效率和生产力,保持竞争力,实现有意义的增长和可持续发展。

通信技术的发展和传播总是很大程度地影响着社会经济关系。最初,一些企业只是简单地认为信息和数字技术可以简化一些业务流程。然而随着数字和创新技术深入日常生活,对市场关系的主体和客体的影响变大。但如何设定数字化转型总体规划,怎样将数字化理论付诸实践,数字化转型具体的落地方案和实施路径是什么,很多企业在数字化之路上依然在不断探索。

新一轮科技革命和产业革命正在迅猛进行,全球经济正处在一个前所未有的变轨期。近几年我国数字经济发展提速,传统产业加快向数字化转型。中国共产党第十九次全国代表大会上指出,"推动互联网、大数据、人工智能和实体经济的深度融合",其方向是数字化、网络化、智能化。2020年10月召开的中国共产党第十九届中央委员会第五次全体会议,提出了要"坚定不移建设制造强国、质量强国、网络强国、数字中国,推进产业基础高级化、产业链现代化,提高经济质量效益和核心竞争力"。对企业而言，企业进行数字化转型，就是要将互联网、大数据、物联网、云计算、区块链、人工智能等技术与企业经营管理深度融合，推动企业经营、产品发展、生产运营、组织管理、基础设施等全方位变革，提升企业运营效率效益、产品品质与服务体验，实现企业高质量发展。

数字化转型可以解决信息化阶段的数据质量问题，打破部门之间的数据壁垒，支撑领导的数据决策。

（1）制定总体的战略规划。

战略规划是企业数字化转型的思想引领。传统企业数字化转型不是一蹴而就的事情，而是一个长期的、艰巨的工程，要求企业必须从战略层面高度关注和重视数字化，科学识别发展需求，正视自身面临的竞争环境和转型压力，找准自身定位和目标需求，加强数字化统筹协调和战略规划，做好顶层架构和路线图设计，分阶段、分步骤实施。数字化解决方案能够帮助企业改善数字化转型项目的运作。

全球企业在数字化转型之旅中遭遇了五大数字化转型障碍。对于很多正在努力推进数字化转型的企业来说，第一大障碍是创建一份企业范围内的技术路线图，帮助公司确定应用场景和投资的优先级；第二大障碍是构建一个可扩展使用范围的技术架构；第三大障碍是建立衡量业绩的数字化关键绩效指标；第四大障碍是运用技术专长；第五大障碍是将数字化工作流程贯穿于整个企业。所以企业在做战略时，要充分考虑这五大障碍的解决，解决了这五大数字化转型障碍有助于企业在数字化转型之旅中尽快完成早期和中期阶段的过渡，迈入成熟阶段。成熟阶段，数字化将成为企业运作的核心，并有利于为企业打造市场竞争优势。⊖

⊖ 本刊编辑部. 未来已来 数字化转型正当时 [J]. 中国建设信息化，2020(18):42-44.

(2)建立数字化管理机制。

管理机制转型是基于互联网、云数据、大数据、物联网、区块链等技术,推动企业从传统的管理模式向平台化管理模式转变。企业想要建立数字化管理机制,一是构建企业及各专业条线和职能部门的数据信息管理平台,采集和处理企业人、财、物信息资源及经营活动的各种管理数据信息,并对相关数据信息进行处理,实现数据信息的开放共享;二是将数据信息管理平台与生产调度平台有机对接,支撑数据驱动生产运营。

与此同时,体制机制建设是企业数字化转型的关键保障。企业数字化转型不是简单的新一代信息技术的应用,而是企业构建数字化条件下经营管理模式的一次大变革,需要从体制机制层面加快改革创新,构建适应数字化发展的企业运行体制机制。企业要加快构建适应企业数字化运行的组织机制,适应信息技术发展特点,创新企业组织管理机制,加快企业管理层级的扁平化和放权,畅通企业信息流通渠道,消除管理冗余,提高应对市场变化的响应能力。企业在体制机制层面加快改革创新,通过成立数字公司、数字中心等方式,使数字化与企业的战略和管理充分融合、相互支撑,丰富服务渠道,创新服务模式,优化服务手段,提供与客户新需求相适应的服务,形成差异化竞争优势,持续用数字化技术转型推动企业转型。○

财务共享服务模式的实现,能有效推动企业财务数字化转型的进程,这就衍生出了财务共享中心。财务共享中心的数字化转型指的是运用云计算、大数据等先进技术,对共享中心组织进行重构,再造业务流程,使财务数据质量与运营效率得到提高,从而更好地赋能业务,高效地支

○ 晏志勇. 数字化转型提升央企全球竞争力 [J]. 当代电力文化,2021(4):14-16.

持财务工作和企业经营决策。

（3）构建完善的数字化技术标准体系。

随着产业数字化的推进，国家标准、行业标准和相关政策相继出台。但是由于我国大部分行业数字化转型升级处于起步阶段，还面临着很多问题：一是偏重强化企业推进数字化转型的意识，缺乏技术层面的指导，各应用系统之间存在"数据孤岛"；二是很多企业没有意识和能力参与制定适合行业、企业要求的标准和措施，在资源权属、使用权限、参与方利益分配模式等方面，缺乏具体、可操作的指标体系；三是涉及信息安全、核心技术的标准体系不健全。综上所述，只有解决技术标准和措施难题，才能为行业的数字化转型升级提供足够的驱动力。

（4）加强优化顶层设计。

建筑企业数字化转型面临的困难与障碍主要来自三个层面。第一个是企业战略层面：缺少整体战略、目标及企业范围内的数字化应用技术路线图；企业高层没有对数字化转型达成共识，对自身数字化所处的阶段缺乏清晰的认知。第二个是项目执行层面：职责和权力不清晰，项目管理数据存在进度、成本、质量安全等数据采集相关问题，以及不同业务部门之间存在数据壁垒等。第三个是岗位层面：生产线设备传统数据提取困难，数据标准化时需要开展大量的基础工作。这些都极大地影响了管理工作的效率和质量，是数字化转型过程中必须解决的问题。

以建筑企业为例，企业的数字化转型实施分为企业战略层面、项目组织层面及岗位执行层面。一是做好企业数字化顶层设计，实现企业管理数字化。数字化转型的根本是要提升企业数字竞争力。企业决策层需结合数字技术、行业发展及本企业运行的特点，制定企业数字化的中长期规划，加大对数字化管理的投入，提升企业的经营价值。二是做好项目数字化顶层设计,实现项目管理数字化。项目管理数字化是企业数字化转型的核心内容,项目管理层通过 BIM 建模,将项目进度、成本、质量、安全等进行要素数据整合,提升项目的管理效率。三是做好岗位数字化设计。岗位作业层实时收集"人、机、料、法、环"等的数据信息,提升单岗位的工作效率。建筑企业各方通过数字化的建设与管理,不断提升企业的战略规划、市场经营、建造方式、生产管控等能力,进一步优化企业内部组织的关系、企业与用户的关系、企业间的生态关系,从而实现建筑企业更高质量的发展。

农业在数字化转型的很多方面已经走在了前面。比如企业可以根据土壤成分的不同,调整和匹配肥料和种植技术,确保在不同气候和土壤环境条件下能够种出品质相同的农作物。无人收割机可以不间断作业。

还有无人码头、数字医疗、快递等诸多应用场景,数字化技术正在不断发展,数字化转型不是目标,而是一个由产业主导、运营商和数字技术、硬件服务商配合的变革过程,真正的目标是让产品质量更好,客户体验更好,运营更加便捷高效,生产过程更加绿色环保。

(5)强化统筹组织领导,加强建筑业数字化人才队伍的培养。

组织领导是企业数字化转型成败的关键。企业要加强组织领导,完善组织体系,明确推进主体,落实"一把手"负责制。建立"一把手"负责制的企业数字化转型领导工作小组,统揽企业数字化转型工作,研究决定数字化转型路线图及关键工作,协调解决转型过程中的重大问题。按照"管理、建设、运维、应用"的原则打造一支高素质、高水平的数字化转型人才队伍,建立信息化专家、信息化专业人才和信息化从业人员三个层次的梯队,从人员数量和能力结构两个方面充实和强化人才队伍,为企业数字化转型提供坚实的人才保障。

人才保障是企业数字化转型的核心动能。传统企业在数字化转型过程中需要大量负责规划设计、平台建设、实施运维、技术支持等的 IT 人员，也需要具备 IT 视野的流程管理、业务分析等的业务人员，企业应制定鼓励各种人才成长的激励政策和措施，加强对人才的引进和培养，努力塑造人才成长和锻炼的环境，从而为数字化转型的成功奠定坚实的基础。加快企业数字化转型的同时，人才培养也要紧跟时代步伐。一是企业要在数字化人才培养、使用、引进、配置等方面采取有效措施，建立长期有效的激励机制。二是高校扩大智能技术、信息化技术专业的招生规模，明确专业培养目标，全方位培养技术研发、设计、生产、管理等方面的数字技术专业复合人才。三是充分利用现有的国内外职业教育资源，采取校企联合的方式，加强对企业现有人员的培训，实现数字技术与各行业人才的融合。四是充分发挥国家和地方产业平台的作用，为企业数字化转型提供智力支持。总之，需要政校企共同努力，为企业数字化转型升级提供坚强的组织保障和人才支撑。

（6）确保专项资金的投入。

专项资金投入是企业数字化转型的持续保障。数字化转型具有前期成本投入大、有效回报周期长的特点。对此企业应建立数字化转型专项资金，确保数字化转型基础平台、功能应用、数据采集、互联互通、成效展示等方面的有效投入，依托激励政策调动人员自主探索积极性，从企业战略统筹和长期发展的角度，保障转型工作有序开展。

9.3.2 "工业化 + 数字化"推动建筑业转型升级

建筑业是国民经济支柱产业之一，在建筑业迅速增长，为我国经济建设做出积极贡献的同时，仍存在建筑工业化程度低、建造技术落后、建筑工程质量和安全问题时有发生等不足，衍生出的负面影响逐渐暴露。同时新冠疫情对行业发展和社会治理产生了较大影响，如发展粗放、资源成本上升、用工荒等，粗放的传统建设方式已经不能满足新时代行业核心业务的需求，建筑行业亟须转变发展方式，以"工业化＋数字化"推动建筑业转型升级。

1. 从新结构经济学看建筑业发展

我在攻读博士学位期间，有机会再一次系统地学习了新结构经济学，并非常荣幸地在北京大学新结构经济学冬令营上做了题为《建筑产业转型与绿色发展》的报告。经济学理论的目的在于帮助人们认识世界，也在于帮助人们改造世界。新结构经济学是林毅夫教授及其合作者提出并倡导的研究经济发展、转型和运行的理论，主张以历史唯物主义为指导，采用新古典经济学的方法，以一个经济体在每一个时点给定、随着时间可变的要素禀赋及其结构为切入点，来研究决定此经济体生产力水平的产业和技术以及交易费用的基础设施和制度安排等经济结构及其变迁的决定因素和影响。新结构经济学主张发展中国家或地区应从其自身要素禀赋结构出发，发展具有比较优势的产业，激发企业的自生能力，在"有效市场"和"有为政府"的共同作用下推动经济结构的转型升级和经济社会的发展。新结构经济学作为我国改革开放和独特经济发展模式的系统总结，对我国企业战略发展具有极强的指导意义。"因势利导"的产业发展理论，对企业来说就是根据企业自己的生产要素资源禀赋确定未来的发展方向。这其中的资源禀赋，包括传统的土地、劳动力、技术、资本，以及被中共中央、国务院确定为第五大生产要素的"数据"。

第 9 章 工业革命与质量创新——数字化如何影响质量管理

从新结构经济学来看，我国改革开放历经 40 多年高速发展，社会进入工业化革命的成熟阶段，既完成了计划经济向市场经济的转轨，又推动了从传统农业社会向现代工业社会的转型。依据新结构经济学理论，可以将我国改革开放划分为三个阶段：轻工业革命阶段（1978～1995 年）、重工业革命阶段（1996～2010 年）、装配制造业革命阶段（2011～2030 年）。

在轻工业革命阶段，经济体要素禀赋是劳动力多而资本少，技术落后，适合发展劳动力密集型产业。在这一阶段，建筑业在国家发展规划中被列为支柱性产业，建筑业改革大纲发布实施，企业承包经营制全面推行。体制机制的改革使建筑业突破传统体制的桎梏，极大地解放了生产力，建筑业发展迅猛。

由于第一阶段比较优势的产业快速发展，资本快速积累，要素禀赋结构的升级加快，改革开放进入重工业革命阶段。在这一阶段，对于建筑业来说，1998 年《中华人民共和国建筑法》正式开始实施，随后《中华人民共和国招标投标法》《建设工程监理规范》《建设工程项目管理规范》等一批法律法规和规范陆续发布，使建筑市场管理向法治化、规范化发展。同时政府完善基础设施，公路、铁路、机场、港口、房地产等迎来发展的黄金时期。2001～2010 年，建筑业总产值以 20% 左右的增长率稳定上升。这一时期，中国建筑、中铁工、中铁建、中交集团等建筑央企陆续上市，企业发展步入快车道。一批企业通过股份制、混合所有制改革和内部管理体制机制的改革，在激烈的市场竞争中迅速崛起，如中南建设、南通三建、南通四建、龙信建设、金螳螂装饰、中天建设、浙江广厦、亚厦股份等。

随着重工业的发展，第三产业和高端服务业大力发展，我国经济发展已由高速增长阶段向高质量发展阶段转变，我国进入装配制造业革命阶段。我国人力资源成本快速增加，建筑业作为典型的劳动密集型产业之一，即将面临劳动力的问题。图9-3为"刘易斯拐点"。

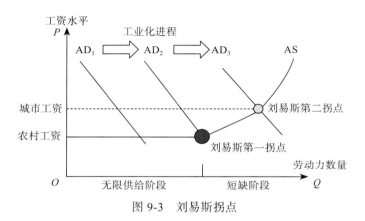

图9-3　刘易斯拐点

随着人力资源成本快速增加，位于建筑业产业微笑曲线最低点的传统建筑施工企业的利润空间进一步压缩，建筑企业转型是必然的。我国粗放的传统建设方式已经不能满足新时代行业核心业务的需求，建筑行业亟须转变发展方式，提高产业化发展水平。日本和韩国建筑业的衰落，劳动力缺失是最重要的原因。

从新结构经济学视角来看，在劳动力多、资本稀缺的时候，发展的产业应该是劳动力相对密集的产业。但是如果资本积累到一定程度，资本相对丰富，劳动力相对短缺，这时比较优势是资本密集型产业，就必须用机器来替代人。因此对于建筑业，建筑工业化作为转型方向之一，将成为行业实现"蝶变"的大机遇。

2. 工程建设行业产业分类和发展阶段

在新结构经济学中，根据一个经济体中现有产业与世界产业和技术

前沿的差距，可以将一个经济体中的产业分成五大类（见表 9-1）。[一]

表 9-1 新结构经济学产业划分

产业类型	产业特征
国际领先型	发达国家由于失去比较优势而退出的产业，这类产业我国在国际上已处于或接近领先
追赶型	与国际发达国家同样的产业相比劳动生产率水平比较低，是技术和附加值水平比较低的反映
转进型	过去在我国具有比较优势，但随着劳动力成本上涨，已失去比较优势
换道超车型	研发周期短，以人力资本投入为主，我国具有创新能力的人力资本优势
国家战略型	研发周期长，以物质资本投入为主，因国防安全和国家战略需要而存在

工程建设大行业分类，包括勘察设计、房屋建筑工程、铁路工程、市政工程、公路工程、港口工程、冶金工程、石化工程等，还包括机电安装、装饰装修、系统集成和弱电、园林等服务领域。

按照建筑业产业分类，我们在高铁、超高层、大型桥梁建设等少数领域已经处于"国际领先型"阶段，加上资本和技术等要素禀赋的进一步集中，优势正在进一步扩大，比如合同额和产值在中建集团排名靠前的中建八局和中建三局，合同额和产值增幅也都是最大的。

大部分专业化施工和特定市场领域，处于"追赶型"阶段。这部分产业包括一部分央企和地方国企。中建一局在电子厂房、数据中心方面的优势明显，被誉为"中国 IDC 领域全产业链最优总承包商"。北京建工集团在绿色建筑、土壤修复方面全国领先。中冶集团在钢铁冶金等方面优势明显。但是我们在核心机电设备研发生产、住宅部品和设施研发生产、健康建筑研究等方面依然需要向美国和欧洲、日本的同行学习。

[一] 林毅夫. 新结构经济学：反思经济发展与政策的理论框架：增订版 [M]. 苏剑，译. 北京：北京大学出版社，2014.

大部分总承包企业，包括大部分总承包特级企业和一级企业以及缺乏核心技术的专业化公司，处于"转进型"阶段，劳动力成本上升，技术附加值低，已经完全失去比较优势，南通一建集团、扬州安装集团的破产清算就是一个开始。这些企业最重要的是升级管理，用数字化提升效率和服务。

从事建筑工业化的企业是有机会实现换道超车的。竞争格局将发生大的变化，也就是无论谁来总包，都必须依赖于当地提供构件的工厂。进入这个领域的最强的竞争者，非常有可能是像中国建材这样的制造业企业，因为在水泥厂旁边再建设一个PC构件厂是非常具有现实意义的。同时，原有的以工程承包业务为主的建筑企业也完全有机会实现换道超车。我们对欧洲和日本装配式建筑的研究，可以在技术和商业模式上带来有益的借鉴。国内像中建科技、武汉美好等企业的组合式战略实践也值得研究。

基础建筑材料研发生产、核心装备生产、核心软件研发等领域的企业属于"国家战略型"。因为这些领域没有国家的投入和系统推进是无法突破的。建筑用机器人我国还处于起步阶段，建筑设计、建造和运维的BIM（建筑信息模型）软件和平台还完全不能自主运行，"卡脖子"的情况是非常现实的。对于数字化环境下的建筑模型检测和建筑性能预测平台，第三方机构需要花大力气才能久久为功地做好。

建筑工业化将是未来20年建筑产业最为重要的议题，按照我国的产业发展规划，到2025年装配率将达到30%，以2019年建筑业产值24亿元为基准，到2025年时将达到至少6万亿元的市场规模。然而工程建设的"在位企业"习惯于总承包的轻资产模式，尽量不投资建厂。试想一下，有朝一日全部装配的时代来临，建房子需要构件厂，总包企业和

第9章 工业革命与质量创新——数字化如何影响质量管理

设计院不熟悉工厂管理，项目经理转型去做厂长将很难适应，可见技术体系化、设计标准化、生产数字化、安装智能化是企业进行工业化的必由之路。域外企业和资本早已虎视眈眈，可以预见，未来 5～10 年，工程建设行业必然会有以"工业化"方式杀入并成长起来的巨头，像特斯拉一样，开放技术体系与专利，整合建筑材料、装备、家装、家电等制造业资源，形成新的基于工业化的产业集群和社会柔性化供给体系，以及基于客户个性化定制的产品体系。中国完全有机会在这一轮变更中实现换道超车，关键问题在于，这样的机遇是否与你有关。

数字化转型是所有企业的历史性机遇，数字建筑、数字城市、新基建带来了巨大红利，然而机遇总是留给有准备的人。数字化转型要采用探索式规划，也就是渐进式改革的方案，用数字化技术修复原来流程和产品服务的问题，寻找新的业务模式。中建八局已经率先成立了行业首家数字建造中心，任命了首席信息官，大型央企的要素资源优势和创新能力将使之在未来十年的数字化变革中占有优势。数字化技术方兴未艾，数字孪生、数字建造、智慧工地、智慧运维等发展得如火如荼。物联网、大数据、云计算等发展迅猛，ARC（自动规则检查）、工程建设行业工业互联网数据中心等新技术和生产要素纷至沓来……企业应接不暇，知识恐慌渐成常态。但是企业数字化转型最重要的是人才而不是技术，因为对于大多数企业来说，技术可以花钱去购买，数字化转型能否成功取决于对下一代技能培养的结果。

2020 年是新一轮五年战略的开始，对于工程建设领域的勘察设计企业、建设企业来说，需要对外部环境有清晰的判断，对政策做精准的研究，对细分行业市场和投资趋势做出预测。更为重要的是对组织内部能力做出深刻的分析，比找到短板更为优先的是找到强项，并且将强项做到极致，只有自己真正强大才会有更多的合作伙伴。企业应采用更加进取的管理体系和模式，主动承担社会责任，提升卓越管理的能力，进行自下而上的创新，实现服务改进和员工成长。

制定战略是一个取舍的过程。在新冠疫情冲击下，企业应该砍掉非核心业务，不在非关键战略领域投入关键资源，在没有比较优势的领域里注定会失败。"升维思考、降维打击"或许是有效的策略。运用经济学思维思考战略是将复杂问题简单化的有效路径。衡量企业自身要素禀赋和比较优势，在土地、劳动力、技术、资本加上数据的生产要素中找到自身优势，创造和激发企业的自生能力，实现转型升级和高质量发展。

9.3.3 中冶集团——"五位一体"的数据智能化能力体系

中冶赛迪的前身重庆钢铁设计研究总院系国家钢铁工业设计研究骨干单位，1958年为发展西南地区钢铁工业，由冶金工业部鞍山黑色冶金设计院迁渝成立，在传统的钢铁冶金领域，它最突出的是特大型高炉技术和原料厂项目，处于世界领先水平。中冶赛迪创新能力突出，建有国家工程技术中心等10余个省部级以上研发平台，获国家级科技成果奖40余项（其中国家科技进步奖13项、国家技术发明奖3项），拥有有效专利1700余项，主编或参编国家标准和行业标准228项、国际标准31项。中冶赛迪目前拥有400名研发人员，每年将营业收入的4%以上用于研发。基于这样的投入，中冶赛迪的智能化、信息化服务成为与钢铁工程技术比肩的板块，共同支撑着中冶赛迪的发展。

中冶赛迪工人操作距离从零距离扩展到5千米，以确保现场和区域安全。作业区从50个减至18个，大规模集控带动管理和组织变革。采集生产数据从 1 万点升至 35 万点，在行业内首次建立了基于超融合的钢铁大数据中心。中控室从 42 个合并为 1 个，无边界协同促进效率和效益提升。

上海宝冶集团是中冶集团施工企业第一方阵的领头羊。2005 年上海宝冶集团开始将 BIM 技术用于北京鸟巢钢结构专业的深化设计。2012 年，基于宝冶在 BIM 技术上的优势，在激烈的全球竞争中，中标了上海迪士尼主体工程的一个标段。2018 年中标 2022 年冬奥会核心重点工程——国家雪车雪橇中心项目。2018 年中标全球最大的环球影城项目。宝冶 BIM 协同平台融合互联网、BIM、大数据等信息技术，并集成记录、沟通、协同管理工具，打造支持全专业、全人员、全流程的工程项目管理云平台。宝冶 BIM 协同平台是其作为大型施工企业，提升工程项目管理精细化程度，推进企业管理标准化体系与信息化建设的重要工具。

BIM 中心对公司 BIM 应用的研发、示范、引领、管理、服务发挥作用的同时，将企业的 BIM 中心推向市场，让其在市场上承揽高端 BIM 咨询项目，经受市场的考验，加快 BIM 中心进步和发展。2017 年以来，它们先后承担了青岛西海岸新区奥体中心、华润置地木棉花酒店、万科广州区域总部办公大楼、深圳水务智慧平台等 30 多个项目的 BIM 咨询服务。

9.4　数字化与碳中和

数字化与碳中和是当今时代一个重要命题，数字化技术可以有效帮助城市节约能源，减少建设、生产、使用过程中的碳排放。《增长的极限》一书中对人类活动行为和地球生态系统之间的关系进行了模拟分析，模拟结果显示全球的碳增长将会在某个时段内使地球碳承受到达极限，因此避免因超越极限导致崩溃的最好方法是限制增长，即"零增长"理论。增长的极限是"吞吐能力"的极限——维持经济社会持续运转所需要的能量和物质流的极限。这些极限是人类在不超出地球的吞吐能力的情况下，消耗资源和排放废弃物的速度的限制。其中提到的生态足迹一词，专门来指代人类需求和地球能提供的容量之间的关系。碳足迹一词目前频繁出现在我们的生活中，无论企业或个人，都会产生自己的碳足迹。

全球气候持续变暖，极端的环境破坏让人们意识到气候变化的主要原因——碳排放。2015 年 175 个国家签署的《巴黎协定》对世界各国都有重大而深远的意义，如果各个国家都能兑现各自的承诺，到 2030 年，温室气体的年排放量可减少 30 亿～60 亿吨。2020 年 9 月，中国宣布二氧化碳排放力争于 2030 年前达到峰值，努力争取 2060 年前实现碳中和的目标。要想实现碳中和，首先要达到碳达峰。

比尔·盖茨在《气候经济与人类未来》中关于气候变化提出了两个数字：510 亿和 0。"510 亿"是全球每年向大气中排放的温室气体的大致吨数，"0"是我们针对气候变化降低影响要达成的最终目标。自 18 世纪中期起，我们开始大量燃烧化石燃料，化石燃料由储存在地下的动植物遗骸经过数万年转变而来，当我们使用这些燃料时，我们排放了额外的二氧化碳，增加了大气中的碳总量。

塑料制品是由化石燃料石油制成的，谷物种植需要施肥，肥料生产过程中会释放温室气体。我们身上穿的衣服也离不开碳的痕迹。建筑物和汽车等使用的钢材在炼制过程中也会排放碳，还有修建隧道、公路和房屋用的水泥，其生产同样会用到化石燃料，也会释放碳。甚至这些物品在运输过程中需要用的运输工具的动力能源很多也是化石燃料。一旦暂停使用化石燃料，全球将会陷入"瘫痪"。

随着人们生活水平的提高，人们对生活用品、居住条件、娱乐以及科学技术也有了更高的追求，这些巨大的需求伴随着能源的激增，人均能源使用量的增加不可避免地增加了人均温室气体排放量，从而对整个气候环境造成了不可逆转的损害。

截至 2021 年初，超过 120 个国家和地区提出了"净零排放"或"碳中和"目标。2021 年 10 月，国务院发布《关于印发 2030 年前碳达峰行动方案的通知》，将提高节能管理信息化水平，提升城镇建筑和基础设施运行管理智能化水平等列为重点任务。2022 年 2 月，国家发展改革委、国家能源局发布《关于完善能源绿色低碳转型体制机制和政策措施的意见》，对推进能源绿色低碳转型工作做出详细部署，提出到 2030 年基本建立完整的能源绿色低碳发展基本制度和政策体系。

农业革命帮助人类获得了更多的粮食，工业革命给人类的生活引入了机器的参与，大数据时代帮助人类实现可持续发展的长期路径。数字技术的应用，在助推人类经济发展的同时，也在减少能源浪费和环境破坏上大有可为。世界各国都在开展对碳中和技术的研发，在碳中和领域引入数字技术将是最快最有效实现碳中和的技术手段。《数字技术助推我国能源行业碳中和目标实现的路径探析》一文中对使用数字化技术推动中国碳中和进程构建了整体框架（见图 9-4），以指导数字碳中和的实现。

将大数据技术和人工智能技术应用于整个系统构建中作为构建碳中和系统的基础，通过对碳足迹的测算及数据分析和深度学习不断更新，对生产过程实施优化。应用数字孪生技术可对气候环境进行生态模拟和数字建模，从而实时监测人类行为活动对大气中碳排放的影响，经过碳排放与碳吸收的相关技术测算，对不同行业和不同阶段过程进行结果预测和效果分析，依据数据测算和碳浓度的实时变化，针对特定行业和专业领域提供不同策略,构建相应的节能减碳规划,有效精细化、智能化管理过程。区块链技术通过公共账本,实现碳交易的去中心化,保证了安全性、实时性以及交易透明度,对于分布式能源交易市场的推进起到了决定性作用。

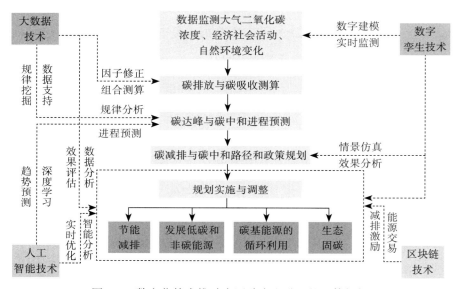

图 9-4　数字化技术推动中国碳中和进程的整体框架

参 考 文 献

[1] 中华人民共和国国家质量监督检验检疫总局，中国国家标准化管理委员会. 卓越绩效评价准则：GB/T 19580—2012 [S]. 北京：中国标准出版社，2012.

[2] 中华人民共和国国家质量监督检验检疫总局，中国国家标准化管理委员会. 卓越绩效评价准则实施指南：GB/Z 19579—2012 [S]. 北京：中国标准出版社，2012.

[3] 埃文斯，林赛. 质量管理与卓越绩效 [M]. 岳盼想，等译. 北京：中国人民大学出版社，2016.

[4] 戚维明，中国质量协会，卓越国际质量科学研究院. 卓越绩效评价准则实务 [M]. 2版. 北京：中国质检出版社，2012.

[5] 高德威. 长期主义：关注短期业绩，更要投资长期增长 [M]. 崔传刚，译. 北京：中信出版集团股份有限公司，2021.

[6] 麦克莱恩. 日本史 [M]. 王翔，朱慧颖，王瞻瞻，译. 海口：海南出版社，2020.

[7] 柯林斯，波勒斯. 基业长青：企业永续经营的准则 [M]. 真如，译. 北京：中信出版集团股份有限公司，2019.

[8] 西蒙，杨一安. 隐形冠军：未来全球化的先锋 [M]. 张帆，吴君，刘惠宇，等译. 北京：机械工业出版社，2019.

[9] 盖茨. 气候经济与人类未来：比尔·盖茨给世界的解决方案 [M]. 陈召强，译. 北京：中信出版集团股份有限公司，2021.

[10] 凯利. 失控 [M]. 陈新武，等译. 北京：新星出版社，2010.

[11] 宋志平. 三精管理 [M]. 北京：机械工业出版社，2022.

参考文献

[12] 林毅夫. 新结构经济学：反思经济发展与政策的理论框架：增订版 [M]. 苏剑, 译. 北京：北京大学出版社，2014.

[13] 周良军，邓斌. 华为数字化转型：企业持续有效增长的新引擎 [M]. 北京：人民邮电出版社，2021.

[14] 张海燕. 质量管理源远流长 [J]. 中国质量技术监督，2000（5）：38.

[15] 程虹，陈昕洲. 我国古代政府质量管理体制发展历程研究 [J]. 华中师范大学学报（人文社会科学版），2016，55（2）：32-48.

[16] 白大丰. 美国的消费者权益保护 [J]. 中南财经大学学报，1993(6)：103-105.

[17] 杨继国，魏鑫珂."鞍钢宪法"对西方企业"管理革命"的影响研究 [J]. 中共四川省委省级机关党校学报，2013(1)：113-119.

[18] 杨利飞. 米其林餐厅指南对开展企业标准评价的启示 [J]. 质量与认证，2017(3)：34-35.

[19] 吴浩，靳保辉，陈波，等. 葡萄酒产地溯源技术研究进展 [J]. 食品科学，2014，35(21)：306-314.

[20] 梁振昌，范培格. 中国葡萄酒产业现状与发展瓶颈 [J]. 生命世界，2018(4)：20-21.

[21] 张红梅，曹晶晶. 中国葡萄酒产业的现状和趋势及可持续发展对策 [J]. 农业现代化研究，2014，35(2)：183-187.

[22] 刘建新. 产品稀缺诉求对消费者购买意愿的影响研究 [D]. 天津：南开大学，2017.

[23] 王博文，姚顺波，杨和财. 法国原产地保护制度对推进我国优势农产品发展的启示——基于法国葡萄酒原产地保护实证分析 [J]. 经济地理，2010，30(1)：114-117；130.

[24] 丛德龙，廖嗨烽，高雷. 法国葡萄酒产业集群政策支撑体系 [J]. 中国果树，2022(2)：103-108.

[25] 张夷. 波尔多葡萄酒业兴盛的成因研究 [D]. 杭州：杭州师范大学，2015.

[26] 刘春发，刘德伟. 浅谈生态与可持续发展建筑 [J]. 中国新技术新产品，2010(11)：168.

[27] 纪炜. 碧海扬波 域外生辉——哥德堡号和海上丝绸之路 [J]. 收藏家，2005(11)：34-39.

[28] 梁二平. 从"瓦萨"号到"哥德堡"号 [J]. 海洋世界，2015(3)：62-67.

[29] 王蔚，郭雅玲. "哥德堡"号古茶再现及其意义 [J]. 安徽农业科学，2017，45(10)：256-258.

[30] 牟晓林. 海外需求对明清景德镇瓷器的影响 [D]. 北京：中国艺术研究院，2014.

[31] 蔡定益. 哥德堡号与茶——两百六十多年的时空跨越 [J]. 农业考古，2010(5)：339-343.

[32] 朱丽霞. 海上丝绸之路与中华文明早期传播 [J]. 人民论坛，2020(11)：142-144.

[33] 陈昕洲. 从直接管理向间接管理转变 [D]. 武汉：武汉大学，2016.

[34] 佚名. 哥德堡号的中国情节 [J]. 水路运输文摘，2003(7)：52-54.

[35] 秦树景. 明清景德镇瓷器装饰艺术产业化研究 [D]. 济南：山东大学，2015.

[36] 马冲. 15—18世纪中国与西方技术发展比较分析 [D]. 大连：辽宁师范大学，2018.

[37] 雷德侯. 万物：中国艺术中的模件化和规模化生产 [M]. 张总，等译. 3版. 北京：生活·读书·新知三联书店，2020.

[38] 佚名. 过去 现在 未来——徕卡相机与德国工业 [J]. 中国摄影家，2016(4)：116-125.

[39] 吕莱. 光阴的记录者 [J]. 国际市场，2010(4)：9；52-53.

[40] 佚名. 徕卡：机械时代的传奇 [J]. 中国商界，2017（10）：114-117.

[41] 孔雁. 兰州拉面原料质量要素及其作用方式研究 [D]. 北京：中国农业科学院，2017.

[42] 邢亚楠. 兰州拉面质量感官评价方法的研究 [D]. 北京：中国农业科学院，2015.

[43] 赵国永，韩艳. 兰州拉面及饮食习俗形成的地理因素分析 [J]. 西北民族大学学报（自然科学版），2015，36(1)：91-95.

[44] 陈习新. 青海拉面与兰州拉面的由来、区别及发展趋势 [J]. 攀登，2016，35(3)：101-104.

[45] 冷尘羽. 日内瓦印记：瑞士制表传统与传承的捍卫 [J]. 宁波经济（财经视点），2020(1)：42-43.

[46] 张立芬，楼莉，王志民. NQI集成服务数据质量评价关键技术研究——以检验检测类基础数据为例 [J]. 中国标准化，2018(19)：58-63.

[47] 水木然. 100年前，"德国制造"也曾是假冒伪劣标记 [J]. 当代广西，2016(9)：59.

参考文献

[48] 程振彪. 德国质量是如何炼成的？[J]. 汽车科技，2014(2)：48-49.

[49] 李桂菊. 德国行业协会的特点与启示[J]. 中国电力企业管理，2000(7)：45-46.

[50] 佟晓超. 德国建筑领域认证认可制度对我国的借鉴启示[J]. 工程质量，2013，31(12)：14-18.

[51] 杨鑫，徐继承. 工业化时期德国经济发展的原因及其影响[J]. 赤峰学院学报（汉文哲学社会科学版），2016，37(8)：44-46.

[52] 晏越. "德国工业4.0"与"中国制造2025"综述[J]. 科技风，2016(16)：185-186.

[53] 李旭民. 绿色建筑发展历程及趋势研究[D]. 长沙：湖南大学，2014.

[54] 袁俊. 浅析世界著名三大质量奖[J]. 中国标准导报，2006(6)：26-31.

[55] 那日苏. 全面质量管理与日本的崛起——传统文化与现代理性的成功融合[J]. 科学技术与辩证法，1996(6)：57-60.

[56] 何萍. 区域医疗专家预约云服务系统的建模与优化研究. 上海：东华大学，2017.

[57] 王志强，杨青海. 科学数据质量及其标准化研究[J]. 标准科学，2019(3)：25-30.

[58] 本刊编辑部. 未来已来 数字化转型正当时[J]. 中国建设信息化，2020(18)：42-44.

[59] 晏志勇. 数字化转型提升央企全球竞争力[J]. 当代电力文化，2021(4)：14-16.

[60] 陈晓红，胡东滨，曹文治，等. 数字技术助推我国能源行业碳中和目标实现的路径探析[J]. 中国科学院院刊，2021，36(9)：1019-1029.

[61] 中华人民共和国住房和城乡建设部. 绿色建筑评价标准：GB/T 50378—2019[S/OL]. 北京：中国建筑工业出版社，2019[2019-08-01].https://www.mohurd.gov.cn/gongkai/fdzdgknr/tzgg/201905/20190530_240717.html.

POSTSCRIPT | 后记

以史为鉴，开拓创新，推动企业高质量发展

我们正处于一个非常关键的时期。从企业发展角度来看，在经历了改革开放的高速增长之后，经济发展速度回归到一个相对适中的区间，受新冠疫情和国际形势变化影响，企业发展面临的不确定性增强，传统供求关系发生变化，单纯依靠低成本已经无法支撑企业的持续发展。气候变化带来的碳排放压力也给所有产业带来了冲击。一方面要持续创新，提升产品和服务质量；另一方面要清洁生产，实现碳中和。这就是我们现在所处的状态。在本书的结尾，我想从不同的视角，总结本书，展望未来。

第一个视角，是历史的视角。我们之所以回顾历史，是为了更好地了解我们从哪里来，要到哪里去。纵观人类发展历史，质量管理是一个永恒的话题，不同时代的质量水平，代表了一个企业乃至一个国家

后记　以史为鉴，开拓创新，推动企业高质量发展

和地区的经济发展水平，甚至是文化艺术水平。我们去世界各地的城市，看到不同时代的经典建筑，在博物馆里看到各类艺术品，仿佛时空交错，能够感受古代人们的智慧和技艺水平。产品质量发展演变与社会进步、人类生活品质提升紧密相关。中西方企业质量管理的发展史，重要思想、方法与标准体系是企业家、技术质量负责人和政府质量监管部门人员需要学习的知识，真正的质量发展需要社会各界共同努力才能够实现，以史为鉴有助于我们全方位理解高质量发展这个大的时代命题。

第二个视角，是科学研究的视角。美国福坦莫大学颜安院长在给我们讲博士研究的系统方法时提到，文献综述非常重要。简单说，在确定了研究题目之后，就要运用一系列的方法，把这个题目所涉及的所有研究文献和成果进行梳理，还要进行问卷调查、人员访谈等，尽可能做到"穷尽"。然后把这些文献和成果像砌砖墙一样，在前人的基础上，也就是在成千上万的砖砌起来的墙上，争取加上自己的半块砖。科学研究没有捷径，只有通过大量的数据梳理、跨越时空的数据分析、务实求真的精神，才可能有点滴创新。我们看到的历史上的大师，无不是穷其一生之精力，历尽坎坷，才有所建树。知行合一是中国人的智慧，我们只有了解了质量管理科学发展的历史，才能更加清晰地认识到我们应该用什么样的精神去做企业、做研究。唯有具备科学精神，才能独立思考。唯有独立思考，才能坚定前行。正所谓"不畏浮云遮望眼，自缘身在最高层"。本书是在我的博士论文的基础上创作的，我在诸多老师的亲力指导与很多同事和朋友的帮助下，最终发现了质量管理与财务绩效关系的U形曲线，回答了质量管理和财务绩效关系的一个问题，勉强给质量管理学界贡献了"半块砖"。受制于本人学术研究能力和数据资源限制，这个

研究还有很多不足之处，一个研究阶段结束，就是新阶段的开始，我们会将这个研究继续下去。这里我们想说的是，具备全球化视野、历史与发展的视角、科学研究的精神，在当下是企业高质量可持续发展的重要底层逻辑。

第三个视角，是知行合一的视角。现在是一个快速创新的时代，也是一个信息爆炸的时代，如果没有清晰的方向和认知，很容易迷失在书海与商海中。知识和方法太多，很多看起来是灵丹妙药，能够迎合人性弱点的快速成功学大行其道，让人既无所适从，又感觉到知识恐慌与焦虑。企业也是如此，愿景、使命与价值观平时看起来似乎没那么重要，订单、市场和利润是大多数企业家关注的日常事务。这本身并没有什么不对，但放到十年来看，这个问题就非常重要了。从组织发展来看，一个企业做什么，应该生产什么产品，提供什么服务，质量管理水平决定了企业能否持续成功。很多企业家苦苦追寻企业卓越经营之道，却没有意识到，质量管理已经形成了推动企业发展的完整体系，以"计量、标准与合格评定"为基础的质量观，已经构成了以推动产品技术创新、标准统一、检验认证为特征的贸易一体化与便利化体系，有力支撑了世界各国的产业发展与贸易。企业家需要相信一个道理，就是支撑世界500强企业不断发展的质量管理体系一定是有用的，我们要做的就是以开放的胸怀、坚定的信念相信这些科学思想与管理方法，如果你在学习并实践这些管理方法上投入足够的资源，培养一批用质量管理专业知识武装起来的工程师和管理团队，以及具有工匠精神的产业工人，知行合一，笃定前行，凭着聪明才智和吃苦耐劳的精神，没有什么是做不好的。

从质量管理的U形曲线可以看出，企业的高质量发展之路在开始阶段是艰难的,甚至是痛苦的,没有哪一次脱胎换骨不经历锥心之痛,没有哪一次涅槃重生不伴随义无反顾。但也正因为经历了这些挫折和痛苦,才能见证质量管理发展之路的柳暗花明。在经过下行区间后,企业终将进入良性发展阶段,财务绩效表现和可持续发展能力会远远优于其他企业。保持战略定力,行稳致远,做好质量管理,终能成就百年品牌。